相続について
知りたいことが・・・・
全部見つかる本

株式会社ＩＢＩＣ

GENTOSHA
幻冬舎MC

相続について知りたいことが全部見つかる本・・・・・

目次

第1章　相続と相続手続きとは

第2章　相続手続きに必要な書類等

第3章　預貯金・株式・債券・投資信託・出資金等の相続手続き（解約・名義変更など）

第４章　不動産の手続き

第５章　相続税の基礎知識

第8章 遺産相続トラブルの対処法

第1章

相続と相続手続きとは

1．相続とは

(1) 誰にでもいつかは起こること

「相続なんて、自分にはまだ先のこと」「いざとなったら、何とかなるだろう」。そんなふうに思ってはいませんか？　ところが、財産の有無、多い少ないにかかわらず、人が亡くなれば必ず相続が発生し、それは大抵の場合、いつ起こるか分かりません。一生のうちに数回だけ、しかし確実に発生する相続。だからこそ慌てずに準備したいものです。

相続は、死亡によって開始します（民法第882条）。ただし、そこには実際に死亡したときの他、失踪宣告（↓第7章）によって、死亡したものとみなされた場合も含まれます。

(2)「相続」とは何か

相続とは、ある人が死亡したときに、その人が持っていた財産が、配偶者や子など一定の関係にある人に引き継がれることをいい、死亡した人のことを「被相続人」と呼びます。この引き継がれる財産には、不動産、預貯金、有価証券、車、賃借権などのプラスの財産だけでなく、借金、保証債務などのマイナスのものも含まれます。

このような、被相続人から相続人に引き継がれる財産を「相続財産」といいます。ただし、被相続人のみが有する権利（一身専属権《いっしんせんぞくけん》）は、相続財産には原則として含まれません。

2. 相続人と相続順位

(1) 相続することができるのは誰か

先ほど、「一定の関係にある人が引き継ぐ」といいましたが、相続できる人とその順位は、民法という法律で決められています。この、民法で決められた相続できる人のことを「法定相続人」といいます。

配偶者　―必ず相続人になる―

まず、配偶者（夫や妻）がいれば常に相続人となります。ただし、現在の法律では相続権のある配偶者は正式に婚姻届を提出した配偶者に限られ、内縁関係にある配偶者は相続人とはなりません。そのため、内縁の配偶者に財産を残したい場合は、遺言（↓第2章）を用意する必要が出てきます。

その他に、以下の相続人が民法で決められた優先順位にしたがって相続人となります。ただし第一順位から第三順位の相続人が全くいない場合には、配偶者がすべてを相続します。反対に、配偶者がいない場合には、第一順位から第三順位の相続人がすべてを相続します。

①第一順位　子や孫などの直系卑属《ちょっけいひぞく》

被相続人に子がいれば、子が第一順位の相続人です。ここでいう「子」には、実子はもちろんのこと、養子も含まれます。

結婚して姓が変わっても、親子であるということには変わりありませんから、相続人となります。他方、婚姻に際して夫の方が妻の姓に変更したとしても、それにより妻側の両親についての相続人となるわけではありません。事情があって子の配偶者に相続させたい場合には、生前に養子縁組をしておく必要があります。

配偶者と離婚すると元配偶者の相続権はなくなりますが、親子関係は消滅しないので、親権の有無に関係なく、子は相続人となります。

②第二順位　両親や祖父母などの直系尊属《ちょっけいそんぞく》

被相続人に子や孫がいない場合に、親がいれば親が、親がすでに亡くなっていても、祖父母がいる場合は祖父母が相続人となります。被相続人が若くして亡くなった場合などには、第二順位の相続が開始することがあります。

③第三順位　兄弟姉妹

第一順位と第二順位の相続人がいない場合、つまり、被相続人に子や孫がおらず、両親や祖父母も亡くなっている場合、第三順位として兄弟姉妹が相続人となります。現在では兄弟姉妹は2、3人のケースが多いのですが、高齢の方の相続で第一順位の相続人がいない場合には、10人近くの兄弟姉妹が相続人となることも珍しくありません。

(2)「代襲相続」とは何か

第一順位のケースで、被相続人の子が被相続人よりも先に亡くなってしまっている場合があります。そんなとき、本来相続するはずだった子の権利はどうなってしまうのでしょうか?

その場合、被相続人の孫がいれば、亡くなった子に代わって孫が相続人となります。これを「代襲相続」と呼びます。子と孫の両方が被相続人より先に亡くなっていた場合には、ひ孫が、さらに玄孫《やしゃご》が……というようにどんどん下の世代が相続人となります。ただし、実際のケースとしてはそこまで世代が下がることは多くないかもしれません。

第三順位(兄弟姉妹が相続人)のケースにも代襲相続は起こり、本来の相続人である兄弟姉妹が先に亡くなっていた場合には甥・姪が相続人となります。第一順位との違いは、甥・姪も先に亡くなっていた場合には、それ以上次の世代は相続人とならないことです。これは相続人の範囲が広くなりすぎてしまうことを防ぐ趣旨によるものです。

以上が、相続人となる順位です。上位の相続人がいる場合には、次順位の人は相続人にはなれません。次に、具体的な相続分について見てみましょう。

ワンポイント

数次相続

代襲相続と似ているものに「数《すう》次《じ》相続《そうぞく》」があります。これは、一度相続が発生したあと、遺産分割協議などの相続手続きをしない間に相続人が死亡したときに、そこでさらに相続が発生することをいいます。例えば、下の図で、被相続人よりも先に子が死亡した場合（代襲相続）、相続人となるのは配偶者と孫ですが、被相続人が死亡したあとに子が死亡した場合（数次相続）には、配偶者と孫に加えて、子の配偶者も相続人となります。

このように、数次相続が発生すると、通常の場合に比べて相続人が多くなってしまう場合が出てきます。

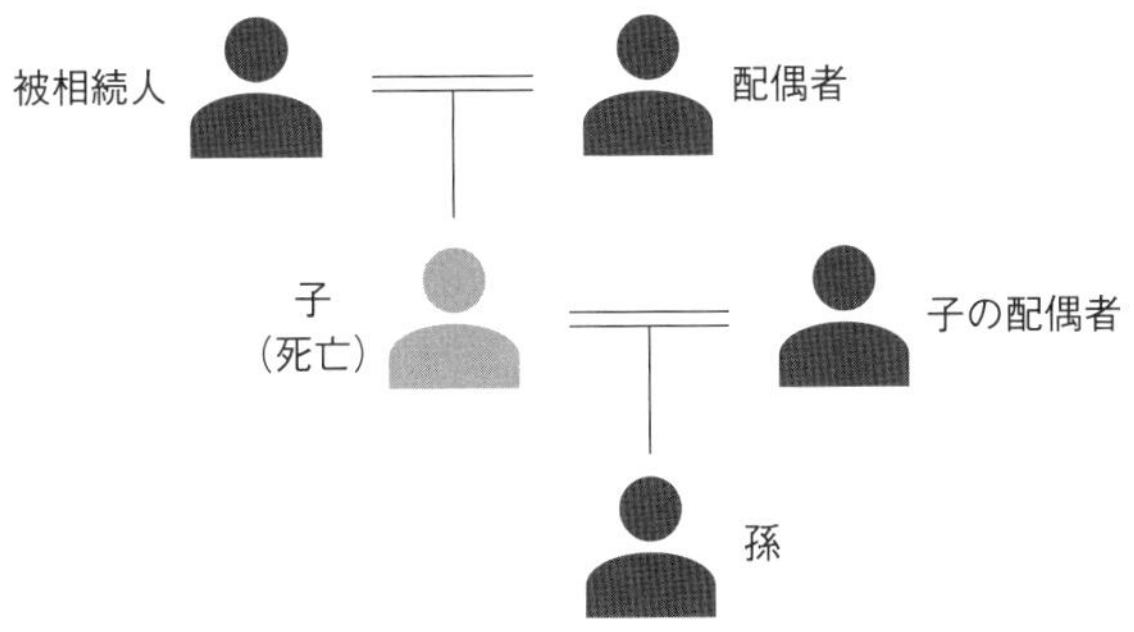

法定相続人の順位と法定相続分の一覧

配偶者とともに相続人となる者	配偶者	他の相続人
第一順位（子や孫）	2分の1	2分の1
第二順位（両親や祖父母）	3分の2	3分の1
第三順位（兄弟姉妹）	4分の3	4分の1

3. 法定相続分

法律で定められた相続分のことを「法定相続分」といいます。相続人が配偶者だけの場合はすべてを配偶者が相続し、配偶者がいない場合には、子、親、兄弟姉妹がすべてを相続します。同順位の相続人が複数いる場合には、各自の相続分は等しいものとされます。

「配偶者が2分の1、子が2分の1」というのはご存知の方も多いかもしれません。しかし実は、配偶者とともに相続人となるのが第一順位から第三順位のどのパターンかによって、法定相続分が異なるのです。それぞれのパターンごとの法定相続分は、上の表のとおりです。なお、代襲相続人の法定相続分は、本来相続人となるはずだった人の相続分と同じで、代襲相続人が複数いる場合は、代襲相続人間で均等となります。

ワンポイント　**嫡出子と非嫡出子**

子のうち、婚姻関係にある父母から生まれた子を「嫡出子《ちゃくしゅつし》」、婚姻関係にない父母から生まれた子を「非嫡出子《ひちゃくしゅつし》」といいます。以前は、「非嫡出子の相続分は、嫡出子の相続分の2分の1」とする民法の規定がありましたが、平成25年に「非嫡出子の相続分を嫡出子の2分の1とする規定は憲法違反である」との最高裁判所の判断を受けて民法の規定が改正。平成25年9月5日以後に開始した相続については、嫡出子と非嫡出子の相続分が同じになりました。

4. 相続手続きの流れ

これまで相続人と法定相続分について見てきました。それでは、どのように相続手続きを進めていけばいいのでしょうか？

(1) 相続人の確認

被相続人の出生から死亡までの一連の戸籍謄本と相続人の現在の戸籍謄本を市役所などで取得し、相続人が誰であるかを確認します。

戸籍は、本籍地のある市区町村で作られ、婚姻や転籍、戸籍制度の変更などによって新たに作られます。このため、いくつかの市区町村から複数の戸籍を取得することになります（戸籍の取得方法などについては、第2章）。

(2) 相続財産の調査

被相続人がどのような財産（相続財産）を持っていたのかを確認します。相続とはプラスの財産もマイナスの財産も引き継ぐことですから、できるだけ漏れなく調査することが大切です。

とはいえ、家族と一緒に住んでいた例などのように、どこにどのような財産を持っていたかが判明している場合ばかりではありません。その際には、通帳や郵便物が手掛かりとなります。

銀行や証券会社からの定期的な郵便物が来ていれば、そこに預貯金や投資信託、株

【相続財産の例　(表示)】

プラスの財産
現金・預貯金
不動産（土地・建物）
不動産に関する権利（賃貸借契約上の権利など）
各種の動産（自動車・貴金属・骨董品・家財道具など）
債権（貸付金・売掛金など）
有価証券（株式・投資信託・国債など）
ゴルフ会員権
マイナスの財産
債務（借金・ローン・買掛金など）
保証債務
公租公課（未払いの税金）

式などを持っていたことが分かりますし、カード会社や消費者金融会社からの督促状などがあれば、負債があることが推測されます。土地や建物など不動産については、年に1度市区町村等から送られてくる固定資産税の納税通知書に所有不動産の一覧が記載されている他、不動産がある市区町村の税務課（東京都の場合は都税事務所）で調査することができます。

財産調査の結果、借金などの債務が多い場合には相続放棄（→第8章）を検討します。

相続放棄の申述は原則として3カ月以内に行わなければなりませんので、注意が必要です。

【注意が必要なもの】

・名義預金

被相続人が子や孫の名義で預金口座を作り、実際上も被相続人が管理していた場合などは、被相続人の財産と評価されることがあります。

【相続財産とはならないもの】

・遺族年金など、法令の規定により定まる権利

・仏壇、仏具、お墓などの祭祀財産

・金銭を支払わずに不動産などを使用する権利

対価のある賃貸借契約上の権利と異なり、借主の死亡によって終了するため、相続財産とはなりません。

・公営住宅の使用権

ただし、条例などの規定により、同居の親族に継続して使用することが認められ

ている場合が多いです。

【相続税の計算上は相続財産となるもの】

・契約や規定で受取人が定められている生命保険金や退職金は、相続人として引き継ぐ相続財産ではありませんが、「みなし相続財産」として一定の範囲で、相続税の計算上は相続財産とされる場合があります。

・亡くなる前3年以内に贈与された財産

被相続人が亡くなる前3年以内に贈与された財産は、相続税の計算上は、相続財産として加算して計算します。

【債務の調べ方】

・相続財産にはマイナスの財産も含まれます。被相続人が債務を負っているのかいないのか、負っているとすればどのくらい存在するのかは、遺産分割協議や相続放棄の検討にあたり大変重要な問題です。

債務を調べるには、家族への聞き取りや郵便物の他に、「信用情報機関」を使って調べる方法があります。信用情報機関には、主に消費者金融業者や信販会社が保有する情報が登録されている「株式会社日本信用情報機構（ＪＩＣＣ）」、主にクレジットカード会社や信販会社が保有する情報が登録されている「株式会社シー・アイ・シー（ＣＩＣ）」、金融機関や銀行系カード会社が保有する情報が登録されている「全国銀行個人信用情報センター（全銀協）」の３つがあります。

必要書類を揃えてそれぞれの機関に開示請求をすると、現在のローンなどの利用状況が開示されますので、債務がないかどうかの判断材料にすることができます。

ワンポイント

相続財産がどこにあるか分からない⁉

相続人で遺産分割協議をし、相続税申告を正しく行うためには、相続財産を漏れなく把握することが重要です。しかし、同居するなどしていて財産の内容をよく把握している場合はともかく、離れて暮らしている場合には、いざご家族が亡くなり相続手続きを開始しようと思ったときに、「どこにどんな財産を持っていたのだろう？」と悩むことが意外に多いのです。そんなときには、住んでいた家の周りにある金融機関を１軒１軒訪ねて口座の有無を確認することがあります。大変に手間のかかる作業ですし、店舗を持たないネット銀行が増加している現代ではますます財産の捜索が困難になっています。

日頃から、どこにどのような財産を持っているかをご家族で話し合ったり、定期的に一覧にまとめたりしておくことが、ご家族の負担を軽減するうえで大切なことではないでしょうか。

(3) 遺言書の有無の確認（↓遺言の詳細については、第２章）

被相続人が生前に遺言を残していた場合には、被相続人の死亡によって遺言の効力が発生します。そこで指定されたとおりに相続されますので、遺産分割協議に先立って、遺言書の有無を確認するようにしましょう。

(4) 遺産分割協議

相続人の確認と相続財産調査が完了し、遺言書がない場合に、または遺言書があってもそこで決められていない財産があった場合には、相続人の全員で「遺産分割協議」という話し合いを行い、どの財産を誰がどのように引き継ぐかを決めます。決定した内容は、遺産分割協議書にまとめます。

一般的な相続手続きの流れ

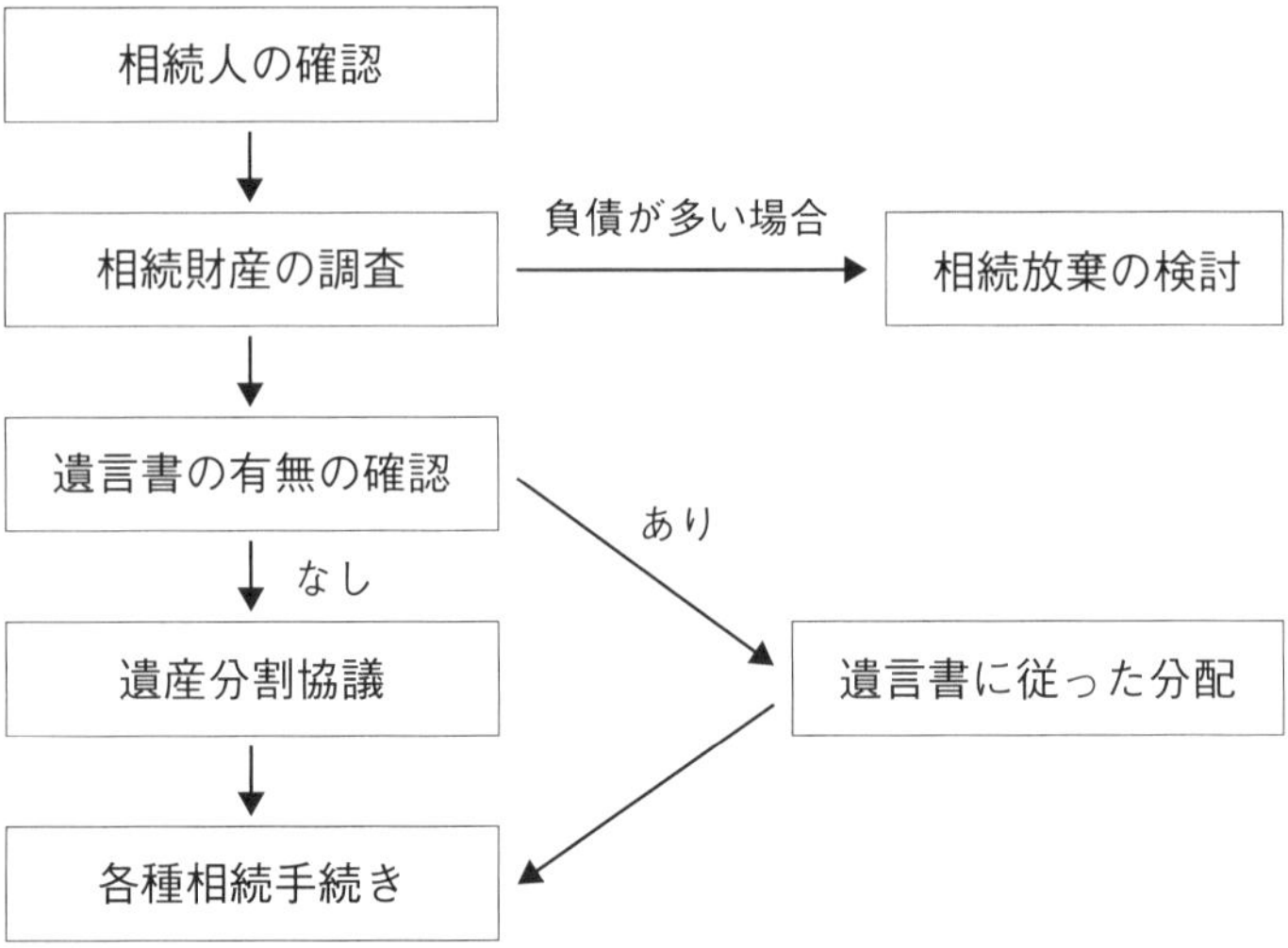

(5) 各種相続手続き

遺産分割協議が成立したら、財産を取得することとなった相続人が、預貯金や不動産、有価証券などの解約・名義変更手続きを行います。

各金融機関や証券会社などの相続手続書類には、相続人全員が署名捺印する部分があります。手続き先ごとのすべての書類に相続人全員が署名捺印するのは大変ですが、遺産分割協議書に各相続財産と取得者を正確に記載することによって、各手続き先の書類の記載を最小限にすることができる場合があります。

5．遺産分割協議とはどういうものか

相続人と相続財産が確定し、遺言書がない場合には、相続人全員で遺産分割協議を行い、相続財産をどのように相続するかを決定します。

(1) 誰が協議に参加するのか

原則は戸籍で確認した相続人。代襲相続や数次相続により相続人となる人も含め全員が参加します。

(2) 協議に参加できる人に制限はあるのか

遺産分割協議とは、各相続人が、「自分が相続人であり、どんな相続財産があって、財産をどのように分けるか」を理解したうえで行わなければなりません。したがって、相続人の中に①病気や認知症などで判断が困難な人、②未成年者、③行方不明者や音

信不通の人などがいると、有効に協議ができないことになります。

このように、遺産分割協議をするうえでの障害がある場合には、別途手続きが用意されていますので、第7章を参照してください。

(3) 遺産分割協議の内容

被相続人のどの財産を、誰が相続するかを協議によって決めます。民法には法定相続分が決められていますが、この割合で分けなければならないというわけではなく、協議によってお互いが納得すれば、分配の方法、割合は自由に決めることができます。

それでは、法律で決められている法定相続分は意味がないものなのでしょうか。もし相続人相互の主張が対立して協議がまとまらなくなってしまった場合には、裁判所を利用した遺産分割調停や遺産分割審判（↓第8章）によって解決を試みることになります。この場合には法定相続分を基準に話し合いや審判がなされますので、法定相続分が意味を持ってくることになります。

遺産分割協議は、相続人全員が同じ場所に集まって行うというイメージを持っている人も多いと思いますが、必ずしもその必要はなく、手紙や電話で協議を行うことも可能です。

【遺産分割協議書（記載例）】

遺産分割協議書

被相続人　　佐藤一郎（　令和××年○月○日死亡）
最後の本籍　　東京都●●区△△一丁目２番３号
最後の住所　　東京都××区○○三丁目４番５号

> 氏名だけではなく、死亡日・本籍・住所で被相続人を特定

上記被相続人の遺産について、共同相続人間において遺産の分割について協議を行った結果、次のとおり決定した。

1　相続人佐藤健一は、次の遺産を取得する。

（１）　不動産
所　　在　　東京都××区○○三丁目
地　　番　　１２３４番
地　　目　　宅地
地　　積　　２１０．４３㎡

所　　在　　東京都××区○○三丁目１２３４番地
家屋番号　　１２３４番
種　　類　　居宅
構　　造　　木造かわらぶき２階建
床 面 積　　１階　６０．１２㎡
　　　　　　２階　４３．２５㎡

（２）　普通乗用自動車　１台
車名　▲▲▲▲
登録番号　品川 330 あ 12-34
車台番号　○○○○－○○○○○○

> 誰が、何を取得するかを、具体的に記載
> ・不動産は、登記の記載にしたがって正確に
> ・自動車は、車検証の情報を記載
> ・預貯金は、判明していれば口座番号まで正確に
> ・「その他、被相続人が所有する一切の財産」などの記載をすることもある

2　相続人佐藤健二は、次の遺産を取得する。

（１）　預貯金
第一銀行　○○支店　　普通口座　口座番号１２３４５６
ゆうちょ銀行　　通常貯金　記号番号９８７６－５４３２１

以上のとおり、相続人全員による遺産分割協議が成立したので、これを証するため本書を作成し、署名捺印する。

令和××年○月○日

（住所）　　（省略）
（氏名）　　佐藤　健一　　㊞

（住所）　　（省略）
（氏名）　　佐藤　健二　　㊞

> 各自署名し、実印を捺印

(4) 遺産分割協議書の作成

遺産分割協議で合意ができた時点で、協議の内容を遺産分割協議書にまとめます。遺産分割協議書の形式については、こうでなければならないというものは決まっていません。極端にいえば口頭での協議も有効と解されますが、それでは不動産登記や金融機関での手続きをすることができませんし、言った言わないのトラブルのもとになります。

通常、誰がどの財産を取得するのかが明確となるように書面に記載し、相続人全員が署名、実印での捺印を行い、印鑑証明書とともに保管することになります。参考までに、遺産分割協議書の記載例を25ページに示します。

(5) 遺産分割協議は、いつまでにしなければならないか

身内の方が亡くなった直後は、葬儀や行政などの手続きに追われ、また気持ちにも余裕がなく、遺産分割を行う気持ちの整理がつかないことも多いでしょう。いつまでに遺産分割協議を行わなければならないという制限はありません。しかしながら、被相続人に借金があり相続放棄の手続きを行う場合には、原則として被相続人の死亡を

知った日から3カ月以内に必要書類を揃えて家庭裁判所に相続放棄の申述をしなければなりません。また、相続税の申告が必要なケースでは、その関係で10カ月以内に遺産分割協議を行う必要がある場合があります。

そのような期間の制限がない場合でも、時間の経過によって別の相続が発生し（数次相続）、相続人としての権利を持つ人が増えることが考えられます。人数が増えれば増えるほど、協議の成立が難しくなったり、認知症や未成年者、行方不明者が現れる可能性が高くなりますので、早めに遺産分割協議を行うことが望ましいといえます。

ワンポイント

相続人に相続させたくない～「廃除」と「相続欠格」

「お前なんか勘当だ！」という言葉は現在ではあまり耳にしませんが、被相続人が、第一順位または第二順位の推定相続人（相続する予定の人）から相続権を奪う手続きも用意されています。それが、「廃除《はいじょ》」です。ただし、重大な手続きですから、自分の気分次第で廃除することはできません。

・被相続人に対する虐待
・被相続人に対する重大な侮辱
・その他の著しい非行

という限られた事由があったときに廃除することができ、手続きの方法は、①生前に家庭裁判所に申し立てるか、②遺言書に廃除する旨を記載して行います。廃除された旨は、廃除された推定相続人の戸籍に記載されます。一度廃除しても、被相続人が許せば取り消すことができます。

ところで、ある相続人に相続させたくない場合は、別の相続人に相続させる遺言書を作成すれば済むのではないでしょうか。実は、第一順位の相続人（直系卑属）と第二順位の相続人（直系尊属）には、遺言によっても侵害できない最低限の権利（「遺留分」）といいます。詳細は第2章）がありますので、遺言による方法では、全く相続させないことにはできないのです。このため、要件に該当する場合には、廃除が効果を発揮します。

この他、一定の要件に該当すると、法律上当然に相続権を失う「相続欠格」というものがあります。一例を挙げると、

・わざと被相続人または先順位、同順位の相続人を死亡させ、または死亡させようとしたため、刑に処された者
・詐欺または脅迫によって、被相続人に遺言をさせ、撤回させ、取り消させ、または変更させた者
・被相続人の遺言書を偽造し、変造し、破棄し、または隠匿した者

などです。相続欠格の場合は廃除と異なり、戸籍には記載されません。

第2章

相続手続きに必要な書類等

1. 遺言とは何か

法律では、遺言者（亡くなった人）の死後の**法律関係を定める最終意思の表示**を**遺言**といいます。**遺言書**とはこの遺言を書面にしたものを指します。

遺言書と似た言葉に遺書があります。遺書とは、一般には死に直面した人が自分の死後のことを考えて、書き残した文書全般を指します。この遺書の中で一定の要件を満たしたものが遺言書になります。

本章では、主に亡くなった人の財産関係を対象に、遺言で実現可能なことについて解説します。

ワンポイント

「遺言」の読み方

遺言は、一般的には「ゆいごん」と読まれますが、法律では「いごん」と読まれることが多いです。そのため、専門家に相談すると、「いごん」という言葉を耳にするかもしれません。「何のこと?」と思うこともあるでしょうが、「ゆいごん」も「いごん」も意味は同じです。

2．遺言でできること

法律では、遺言でできることを規定しています。できることの例は以下のとおりです。この他にも「こんなときどうしたらいいだろう？」と悩むことがあるかもしれません。そのようなとき、分からないことは遠慮せず専門家に相談してみてください。

できることの例

・遺産を「誰に」「どのように」承継するか決めること
・祭祀（墓地・お墓・仏壇等）を引き継ぐ者を決めること
・信託を設定すること
・遺言執行者の指定をすること
・婚外子の認知をすること
・未成年後見人・未成年後見監督人の指定をすること
・相続人の廃除に関すること　等

3. 法律上の遺言となるには

亡くなった人の意思をもう一度確認する方法はありません。そのため法律では、遺言が有効に成立し、効力を持つための様々な厳しい要件が定められています。この要件を満たしていない遺言は、せっかく作成しても法的な効力を期待できません。実際のところ、遺言というものは一つとして同じものはないといっていいほど、それぞれに個性があります。さらに、専門家でもどのように判断したらいいのか迷ってしまうような遺言も数多く存在します。遺言を残したいと考えた場合や遺言を発見した場合は、なるべく早い段階で専門家に相談することが無難です。

相談する専門家
・行政書士　・司法書士　・弁護士　等

4．遺言にはどんな種類があるのか？

遺言にはいくつかの種類がありますが、代表的なものは以下の3つです。

①自筆証書遺言　②公正証書遺言　③秘密証書遺言

次の各項で、この3種類の遺言について解説します。

(1) 自筆証書遺言

亡くなった人が自筆で書いた遺言書のことです。もっとも手軽に作成できますが、偽造・変造の危険性が高い遺言書といえます。また、法律上の要件を満たしていない場合、法律上は無効な遺言書となってしまいます。たとえ法律上の要件を満たしていたとしても、遺言書の内容が不明瞭であったり、記載に間違い等がある場合には、手続き先の機関が希望どおりの手続きをしてくれない場合もあります。自筆証書遺言は実務の現場ではよく目にしますが、実際に手続きに使用できないというケースが少なくありません。そのため、専門家に相談して作成するのが望ましい遺言といえます。

また、この自筆証書遺言がある場合は、原則として、裁判所による**「検認」**の手続きをしなければならないことになっているので注意が必要です。

自筆証書遺言の特徴
- **手続きに使えないことが珍しくない**
- **裁判所による検認手続きが必要**

相談する専門家
- **行政書士　・司法書士　・弁護士　等**

ワンポイント　自筆証書遺言の要件緩和

平成31年1月13日以降に作成された自筆証書遺言については、財産目録等の記載について方式が緩和され、**一定の要件を満たせば**ワープロ等を利用して財産目録を作成することが可能になりました。

(2) 公正証書遺言

法律の定める手続きにより、証人2人以上の立会で**「公証人」**という専門家の関与のもと作成される遺言です。したがって、方式違反で無効になる恐れはまずありません。また、遺言書の原本は公証役場に保管されるので、偽造されたり紛失してしまうという心配もありません。作成に手間と費用はかかりますが、自筆証書遺言とは異なり、自書ができない人でも作成が可能です。また、裁判所による検認の手続きが不要というメリットがあります。非常に信頼性の高い遺言書といえるでしょう。公正証書遺言の正本や謄本については、通常、亡くなった人や相続人が所持していることが多いですが、その正本や謄本を使用して手続きをすることが可能です。

公正証書遺言の特徴

- **公証人が作成するので信頼性が高い**
- **裁判所による検認手続きが不要**

相談する専門家
・行政書士　・司法書士　・弁護士　・公証人（公証役場）　等

(3) 秘密証書遺言

この遺言は、亡くなった人が、遺言の存在自体は明確にしたいがその内容については自分が生きている間は秘密にしておきたい場合に利用されます。

公正証書遺言と同様に、公証人の関与のもと作成されます。遺言書の存在は証明されていますが、遺言書の内容を本人以外が見ることはできません。そのため、内容に不備があることもあり、注意が必要です。また、自筆証書遺言と同様、裁判所による検認の手続きが必要となります。この遺言書が利用されるケースはそう多くありません。

秘密証書遺言の特徴
・公証人が作成に関与するが、内容の信頼性は高くない
・裁判所による検認手続きが必要

相談する専門家
・行政書士　・司法書士　・弁護士　・公証人（公証役場）　等

5．遺言があるかどうかの調査

相続手続きは、遺言があるかどうかで流れが異なってきます。葬儀後の落ち着いた頃でも構いませんので、まずは遺言の有無の調査をすることから始めるのがよいでしょう。調査をするうえで、注意しなければいけない点のひとつとして、遺言書は、書き直しが何度でもできるということが挙げられます。もし複数の遺言が見つかった場合、内容が重複する部分については、原則として遺言の日付が新しいものが有効となります。遺言書が１通見つかったからといって安心せずに、しっかり調査しましょう。

ワンポイント

遺言書は勝手に開けてはいけません

遺言書を見つけたら、封印を確認しましょう。遺言書が見つかったからといって、遺言書に封印がある場合は、勝手に遺言書を開封してはいけません。開封して直ちに無効になるということはありませんが、民法には、5万円以下の過料に処せられるという規定が存在します。もしも、うっかり開けてしまった場合には、焦らなくても大丈夫なので、すぐに専門家に相談するのがよいでしょう。

相談する専門家
・行政書士　・司法書士　・弁護士　等

具体的な調査の流れは以下のとおりです。

(1) 最初の調査

自宅の遺品の中から遺言書が出てくる場合もありますが、亡くなった人が生前に自筆証書遺言を書いている場合、その遺言書を知人や親戚、あるいは専門家・銀行（貸金庫）等に預けている可能性があります。生前に付き合いがあった人には遺言書について尋ねてみることをおすすめします。公証役場及び法務局での調査は次項で説明します。

(2) 公証役場での遺言調査

亡くなった人が公正証書遺言や秘密証書遺言を残していた場合、保管期間内は作成した公証役場に原本が保管されています。相続人であれば、亡くなった人が公証役場でこの遺言を作成したかどうかについて調査することができます。また、公証役場での公正証書の保存期間は原則20年間と定められていますが、実際にはそれ以上の期間で保管している公証役場が多いです。ただし、この遺言の作成日が昭和64年１月１日（平成元年）以降と昭和63年12月31日以前では公証役場での調査方法が異なりますので、以下の点に注意してください。

①作成されたのが昭和64年１月１日（平成元年）以降の場合

公証役場に行くと、遺言検索システムを検索することで原本を保管している役場を調べることができる扱いになっています。全国どの公証役場からでも検索が可能です。

さらに、遺言書が保管されていれば、その遺言書を作成した公証役場に対して謄本の発行を請求することができます。

② 作成されたのが昭和63年12月31日以前の場合

遺言書が公証役場で保管されていたとしても、遺言検索システムでは検索することができません。調査方法は、各公証役場に1件1件問い合わせてみるほかありません。公証役場における遺言書の存在が疑われる場合には、亡くなった人の当時の住所地の近くの公証役場からあたってみることがよいでしょう。

ワンポイント　事前予約

公証役場に行く際は、行く前にあらかじめ電話をして必要書類等の確認をし、訪問日時の予約を取りましょう。

(3) 法務局での遺言調査

令和2年7月10日からは法務局における**自筆証書遺言の保管制度**が開始されています。令和2年7月10日以降は法務局での自筆証書遺言の調査もした方がよいでしょう。

6. 遺言書の検認とは何か

検認とは、相続人に対して遺言の存在やその内容を知らせ、遺言書の偽造や変造を防止するための手続きです。前述した自筆証書遺言と秘密証書遺言について、法律では、この遺言書を保管している人や遺言書を発見した相続人は、遅滞なく遺言書を家庭裁判所に提出して、検認の手続きを請求しなければならないことになっています。もちろん、検認をしていない自筆証書遺言や秘密証書遺言は手続きで使用することはできません。また、検認の手続きをする家庭裁判所は、どの裁判所でもよいというわけではなく、遺言者（亡くなった人）の最後の住所地を管轄する家庭裁判所になります。手続き方法や手続きに必要な書類等については、ホームページ上で掲載している裁判所も多いので、自分で手続きをしたい場合にはそちらを参照するのがよいでしょう。専門家に依頼して手続きをすることも可能です。

なお、令和2年7月10日から運用されている、法務局で保管された自筆証書遺言については この検認の手続きは**不要**となります。

ワンポイント

検認の注意点

検認は遺言の有効・無効を判断する手続きではありません。裁判所は遺言が有効か無効かの判断はしないので注意が必要です。

検認が必要な遺言書

- 秘密証書遺言
- 法務局に保管された自筆証書遺言以外の自筆証書遺言

申し立てをする人

- 遺言の保管者

・遺言を発見した相続人

相談する専門家
・司法書士　・弁護士

7．遺言があるとどうなるのか

遺言書が有効であれば、原則として、遺言書の内容どおりに遺産を分割しなければなりません。しかし、相続人が遺言書の内容とは異なる遺産分割の方法を希望することはあるでしょう。その場合には、**「相続放棄」**の制度を利用するなどして相続人の希望どおりに遺産分割をすることができる場合もあるので、なるべく早く専門家に相談することをおすすめします。また、遺言がない場合は、相続人間で遺産分割協議をする等の方法により、手続きを進めていくことになります。

8．遺留分

(1) 遺留分とは

遺言による手続きをする際は、手続きをする前に遺言と遺留分との関係について、しっかり理解しておく必要があります。

例えば、母親Aが長男Bにすべての財産を相続させる内容の遺言を残していた場合はどうなるか考えてみます。

相続人が長男Bだけで他に相続人がいない場合には何も問題ありません。しかし、他にも相続人がいる場合は話が変わります。他の相続人としては、自分にも遺産を相続する権利があると期待しているのが世の常でしょう。そこで法律は、公平な相続を実現させるために、亡くなった人が自分の財産を処分することに一定の制限を設け、相続人が最低限相続することができる財産を保証しています。この最低限保証された財産のことを**「遺留分」**といいます。

遺言書が見つかっても、この遺留分よりも少ない財産しか取得できない相続人がいる内容になっていた場合には相続人間のトラブルが発生することが少なくありません。

ワンポイント　遺留分

兄弟姉妹間の相続には遺留分はありません。相続人であれば必ず遺留分が保証されているわけではないので、困ったときは専門家に相談しましょう。

相談する専門家

・行政書士　・司法書士　・弁護士　等

(2) 遺留分を侵害されてしまった場合

法律で規定された遺留分の割合よりも相続できる財産が少なく設定されている等、

遺言で自分の遺留分を侵害されてしまった相続人には、自分の遺留分を守る制度があります。自分の遺留分を侵害されてしまった相続人は、遺留分を侵害する財産を取得した相続人に対して、自分の遺留分を請求することができます。これを「**遺留分侵害額請求**」といいます。この遺留分侵害額請求については第8章で詳しく説明します。

(3) 他の相続人の遺留分を侵害する財産を取得する場合

他の相続人の遺留分を侵害する財産を取得する遺言はどう扱えばいいのでしょうか。

法律では、他の相続人の遺留分を侵害する遺言は有効という扱いになっています。遺留分を侵害された他の相続人が自分の遺留分を主張する気がないという場合も多いです。手続き先の機関に対し、遺留分侵害額請求等がされていなければ、この遺言書の内容どおりに手続きをしてくれることになるでしょう。しかし、あとになって遺留分を侵害された相続人から遺留分侵害額請求を受ける可能性はゼロではないので注意してください。

9．遺言による遺言執行者の指定

「遺言執行者」とは、相続人の代理として、遺言の内容を実現するための手続きをする人のことです。遺言の内容として遺言執行者が定められていることは数多くあります。遺言執行者が相続人以外の誰かに定められている場合でも、相続人が自分で手続きをすることができる場合もあります。遺言執行者については第7章で詳しく説明します。

10．戸籍について知っておこう

「戸籍」とは、一言でいうと、国民の身分関係を登録している公文書です。

戸籍は本籍と筆頭者によって特定されており、内容として個人の出生に関することをはじめ、両親や兄弟、婚姻歴や子供が誰なのか、死亡日に至るまで身分関係に関することがすべて記録されています。つまり、戸籍を見ればその人の相続関係を正確に把握できることになるのです。

このことから、相続による手続きの際には、この戸籍の内容を写したもの（戸籍謄本等）の提出を手続き先の機関から求められることになります。戸籍は本籍地の市区町村役場に請求することで発行してもらうことができます。

11．住民票について知っておこう

住民票とは市区町村単位で管理している住民に関する記録で、各住民の住所・氏名・生年月日・住所の移転日等の情報が記載されているものです。住所地の市区町村役場に請求すれば、市区町村長による原本に相違ない旨の認証文が付与された住民票の写しを発行してもらうことができます。この認証文付きの住民票の写しのことを通称で**「住民票」**と呼んでいます。

12. 戸籍・住民票は誰でも請求できるのか

(1) 戸籍の場合

戸籍に記載されている情報は、個人情報保護の観点から誰でも請求できるわけではありません。通常は、戸籍に記載されている「本人」・「配偶者（夫や妻）」・「直系血族（父母・祖父母・子・孫等）」が請求権者となります。

これ以外の人が申請する場合には、原則として、自分の運転免許証等の本人確認書類に加え、請求権者の委任状が必要になります。例えば、自分の兄弟の戸籍を取得するためには、請求権者にあたる父母や当該兄弟の委任状が必要になります。

これらの請求権者から委任状を取り付けるのが困難な場合は、第三者請求による請求という方法もあります。ただし、この方法で請求するには、請求理由や請求理由が存在する証拠資料（疎明《そめい》資料）等を提示する必要があり、役場もかなり慎重な対応をします。取得が難しい場合には専門家に依頼することも可能です。

(2) 住民票の場合

住民票を請求できる人は、原則として「本人」または「その本人と同一世帯の人」となっています。また、戸籍の場合と同様に請求できる人から委任状をもらうことでそれ以外の人が取得することは可能です。第三者による請求も戸籍の場合と同様で、請求理由や疎明資料等を提示する必要があります。専門家に取得を依頼することも可能です。

相談する専門家
・行政書士　・司法書士　・弁護士　等

13. 戸籍・住民票の取得方法

(1) 請求先

戸籍・住民票等は、各市区町村役場の戸籍住民主管課で請求し、手数料を納めることで取得することができます。住民票と戸籍では請求する市区町村が異なります。請求先は以下のとおりです。

住民票　↓　**住所地**の市区町村役場
戸籍　↓　**本籍地**の市区町村役場

住民票も戸籍も各役場の担当窓口に行けばその場で発行してもらえますが、郵送による方法でも発行してくれるのが通常です。最近では、マイナンバーカードを用いたコンビニエンスストア等での交付も可能になりました。

郵送の場合の手数料の納付については役場によって対応は異なりますが、定額小為替で手数料を支払うのが最も簡単な方法といえます。この場合、請求書の郵送時に定額小為替を同封します。定額小為替は全国のゆうちょ銀行の窓口で取得することができます。

(2) 戸籍・住民票を請求する際の申請書について

戸籍・住民票の取得請求のための申請書は、各市区町村役場の戸籍住民主管課の窓口に置いてあります。現在では、ほとんどの各市区町村役場がホームページ上にも申請書を掲載しているので、郵送で取得する場合でも簡単に申請書を入手することができます。戸籍請求の申請書には、戸籍の筆頭者・戸籍の本籍地（戸籍の所在する場所のこと）・氏名・生年月日等を記載する必要がありますが、本籍地が分からない場合には、**「本籍地の記載がされた住民票」**を取得することで本籍地を確認することができます。

14. 相続関係を確認するために必要な書類とは

(1) 戸籍謄本等

相続関係を確認するためには、通常、以下の戸籍が必要になります。

①亡くなった人の出生から死亡までの戸籍謄本

戸籍は法律の改正により、その時点での現在戸籍をすべて作り直し、新しい様式で作り直されることがあります。また、他の市区町村への転籍や婚姻等によっても戸籍は新しく作り直されることになります。つまり、戸籍ごとに始まりの日付と終わりの日付があることになります。その結果、相続関係を把握するためには**「亡くなった人の出生から死亡までの戸籍謄本」**が必要になるのです。実際に請求する場合は、亡くなった人の最後の戸籍をスタート地点として、出生まで、順々に戸籍をさかのぼって取得していくことになるでしょう。

ワンポイント

戸籍の保管期限

戸籍には保管期限があり、この期間を過ぎてしまった戸籍は破棄されてしまいます。火事によって戸籍が焼失してしまっている場合もあります。また、例えば旧樺太に戸籍があった場合など、その部分の戸籍に関しては、戸籍に関する証明書の取得が不可能な場合があります。これらの場合には戸籍謄本等を取得することはできません。その際は手続き先の機関にどうしたらよいか尋ねてみましょう。

②各相続人の戸籍謄本

亡くなった人の戸籍に加え、各相続人の戸籍に関しても、手続き先から提出を求められることが多いです。手続き先の機関としては、相続人の現在の戸籍の内容を確認したいだけなので、戸籍謄本を取得すれば十分でしょう。戸籍抄本（戸籍の一部分を抜き出したもの）でも十分に戸籍の内容を確認できますが、手続き先の機関の考え方によっては戸籍抄本でなく戸籍謄本の提出を求められる場合もあるようです。

ワンポイント

代襲相続や数次相続があった場合

相続には、亡くなった人の本来の相続人であったはずの子や兄弟が先に死亡している場合に起きる代襲相続や、あとに死亡した場合に起きる数次相続というものがあります。これらの相続の場合には、前述の⑴戸籍謄本等の①②に加えて、この亡くなった本来は相続人であった人の出生から死亡までの戸籍謄本も必要になるので注意してください。

(2) 戸籍謄本以外の相続手続きに必要になることがある書類

①亡くなった人の「住民票の除票」または「戸籍の附票」

手続き先の機関によっては、個人を氏名・住所のみで特定している場合もあります。その場合には、亡くなった人の住所等を証明する書類の提出を求められることがあります。というのも、戸籍には住所は記載されないため戸籍謄本だけでは個人を特定できないと考える場合があるからです。その際は、「本籍地の記載がされた住民票の除票」や「戸籍の附票」を提出することになります。どちらも住所を証明することができる書類で、各市区町村役場の住民主管課に請求して取得します。住民票の除票と戸籍の附票では請求する市区町村が異なります。請求先は以下のとおりです。

住民票の除票　→　**住所地**の市区町村役場
戸籍の附票　　→　**本籍地**の市区町村役場

また、住民票の除票を取得する際は、必ず、本籍地の記載のあるものを取得するようにしてください。取得請求の申請時には、どの市区町村の申請書にも本籍地の記載を希望する旨のチェック欄等があるので注意しましょう。

②各相続人の印鑑登録証明書

相続による手続きの際には、様々な書類の提出が求められますが、その中で、各相続人の実印による押印がある書類（遺産分割協議書・相続届等）の提出を求められることになるでしょう。実印とは、自分の住所地の市区町村に登録をした印鑑のことです。そしてその登録がされている印鑑の印影を証明する書類のことを市区町村が発行する**「印鑑登録証明書」**といいます。登録をしていなければ、どんなに立派な印鑑もただの認印のままです。

もちろん、印鑑登録証明書は住民票や戸籍謄本といった書類と異なり、印鑑登録をしていなければ発行してもらうことはできません。まだ印鑑登録をしていない場合や実印をなくしてしまった場合等は、住所地の市区町村役場で印鑑登録を行いましょう。印鑑登録証明書については、郵送で請求することはできません。自分で取得することが困難な場合は、家族等が代理人として直接窓口に行けば取得が可能です。ただし、その場合は委任状等の提出を求められる場合もあるので、あらかじめ各役場に電話等をして必要な持物について確認しましょう。

ワンポイント

印鑑登録がない場合

日本では印鑑登録は住所地の市区町村役場に登録します。では、海外に住所がある人の場合はどうなるのでしょうか。その場合は、日本で印鑑登録証明書を取得することはできません。その代わりに、サイン証明（署名証明）という証明書を取得することになります。サイン証明は海外に住所がある人に対して日本の外務省が発行する証明書のひとつですが、印鑑登録証明書のように1種類しかないというわけではありません。まずは、提出先の機関にどのようなサイン証明が必要なのか事前に確認しましょう。

③各相続人の本籍地の記載のある住民票

手続き先の機関によっては、各相続人の本籍地が記載された住民票の提出を求められることもあります。戸籍には住所の記載がなく、印鑑登録証明書には本籍地の記載がないので、戸籍と住民票だけでは、住所地と本籍地のつながりを十分に確認することができないからです。その場合、戸籍の附票でも本籍地と住所地が確認できるので、戸籍の附票を請求する方法でも問題はないでしょう。取得の際は、取得請求する際の申請書の本籍地記載のチェック漏れには注意しましょう。また、住民票は定額小為替等で手数料を納め、郵送時に定額小為替等を同封する方法により、郵送による取得も可能な扱いになっています。

(3) 戸籍請求のコツ

現在の戸籍は電子化されているので、戸籍を見たことがない人でも、見れば内容を把握することができるような配慮がされています。しかし、電子化される前の戸籍は手書きで作成されています。手書きの戸籍は、内容もさることながら、そのときに戸籍を書いた人の文字の癖などもあり、解読が非常に難解な場合もあります。そのようなときは、戸籍を取得した戸籍主管課の窓口で読み方について尋ねてみるのもよいでしょう。

また、戸籍の証明書には、戸籍謄本・抄本、除籍謄本・抄本、改製原戸籍等の様々な種類があります。どの証明書に何の内容が含まれているか分かりにくいかもしれませんが、各市区町村役場窓口で取得する際は「相続手続きで出生から死亡までの戸籍謄本が必要」と伝えれば十分でしょう。

15. 法定相続情報証明制度

(1) 法定相続情報証明制度とは

戸籍・住民票等の取得が終わったら、手続き先の機関に取得した戸籍・住民票の束を提出し、相続関係を証明する必要があります。この際、手続きをする機関ごとにこの戸籍や住民票の束を提出しなければなりません。また、多くの機関では一度提出した戸籍・住民票の束を返してくれますが、提出した原本を返してくれない機関もあります。返してもらえない場合には、もう一度すべての書類を取得し直さなければならず、相続人にとって大きな負担となっていました。このことを解消するために、平成29年５月29日から「**法定相続情報証明制度**」が始まりました。

これは、集めた戸籍・住民票の束と「**法定相続情報一覧図**」という書類を登記所（法務局）に提出することで、この法定相続情報一覧図を相続関係の証明書類として発行してもらうという制度です。この制度では登記所（法務局）に提出した戸籍・住民票の束は原本を返してもらえる扱いになっており、この一覧図の写しに登記官が認証文を付したものを、必要な通数、必要な回数だけ請求することができます。登記所（法務局）に納める発行手数料は現在のところは無料となっています。ただし、この制度を利用するため最初に提出する法定相続情報一覧図は、登記所は作成してくれませんので自分で作成することになります。自分で作成するのが困難な場合は、行政書士・司法書士等の専門家に依頼することも可能です。この制度の詳細については法務省のホームページ等で確認することができます。

ワンポイント　法定相続情報一覧図に未対応の場合

手続き先の機関によっては、法定相続情報一覧図に対応していないということもあり得ます。その場合は、従来どおりに戸籍謄本・住民票の原本の提出をすることになるでしょう。

相談する専門家
・行政書士　・司法書士　等

(2)法定相続情報一覧図の見本

〔法定相続情報一覧図（見本）〕

法定相続情報番号　0000－00－00000

★登記所に唯一の番号で保管される

被相続人　司法一郎　法定相続情報

最後の住所
○○県○○市○○町○番○号
最後の本籍
○○県○○市○○町○番地
出生　昭和○年○月○日
死亡　令和○年○月○日
（被相続人）
司 法 一 郎

住所　○○県○○市○○町○番○号
出生　平成○年○月○日
（長男）
司 法 一 男　（申出人）

住所　○○県○○市○○町○番○号
出生　昭和○年○月○日
（妻）
司 法 花 子

以下余白

作成日：令和○年○月○日
作成者：住所　○○県○○市○○町○番○号
氏名　○ ○ ○ ○

★法定相続情報一覧図の写しは、偽造防止措置の施された専用紙で作成される

★登記官による認証文が付与され、登記官の氏名・職印が印字される

これは、令和○年○月○日に申出のあった当局保管に係る法定相続情報一覧図の写しである。

令和○年○月○日
○○法務局

登記官　○ ○ ○ ○　職印

注）本書面は、提出された戸除籍謄本等の記載に基づくものである。相続放棄に関しては本書面に記載されない。また、相続手続以外に利用することはできない。　整理番号　S0000　1／1

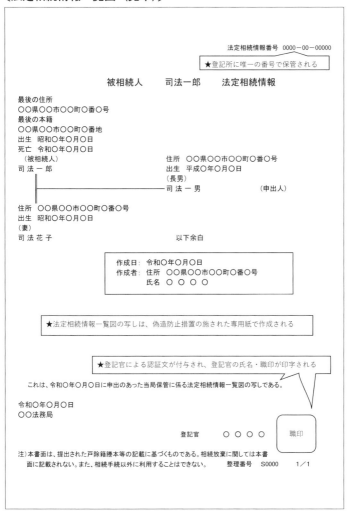

第3章

預貯金・株式・債券・投資信託・出資金等の相続手続き

（解約・名義変更など）

1．預貯金の解約・名義変更の流れ

(1) まず被相続人の預貯金を把握しましょう

通帳・カード、銀行や証券会社からのお知らせを一覧にする。
ひととおり預貯金の銀行、支店、口座番号等が把握できたら、(2)に進みます。
※預貯金残高は、預金の凍結がされておらず記帳できるようであれば記帳してみましょう。
※もしすべての通帳・カード等があるかどうか分からない場合や、ひとつの銀行預金通帳がある場合でも他にも口座がある可能性がありますので、(2)に進みます。

(2) 銀行の窓口に行きましょう

①手元に通帳・カードがある銀行の窓口で残高証明書の発行を請求する（死亡日現在の残高）

同一の銀行で複数支店の口座がある場合でもひとつの支店で発行してもらえます。

口座がまだ凍結されていない場合は、このときに銀行が被相続人の死亡の事実を確認したことになり、この時点で必ず口座が凍結されます。

一覧の例

	銀行名	支店名	種　別	口座番号	残　高 （死亡日現在）
①	東北銀行	南町支店	普通預金	034567	￥2,345,678
②	〃	〃	定期預金	034567-01	￥3,000,000
③	南北銀行	東西支店	普通預金	012345	￥1,234,567
④	北西銀行	北町支店	定期預金	045678	￥5,000,000
⋮	⋮	⋮	⋮	⋮	⋮

ワンポイント

どうして残高証明書を請求するのか

残高証明書が相続手続きで必要になるのは「相続税の申告が必要なとき」と「通帳などが紛失していて預金を確認するとき」、あるいは「相続人間で相続財産額の確認の資料とするとき」などです。

残高証明書は、相続が発生した日現在のその金融機関にある被相続人の口座の残高がすべて記載された書類です。通帳があれば残高は分かるような気がしますが、相続税の申告の際には根拠資料とするために必ず残高証明書を入手する必要があります。

②銀行窓口で残高証明書を請求する際に併せて「名寄せ」をしてもらう

名寄せをすると、相続人が把握していない被

残高証明書の請求に必要な書類

①	・被相続人の死亡の事実が分かる戸籍謄本（除籍謄本及び住民票除票など） ・窓口に出向く人が相続人であることが分かる戸籍謄本 （上記戸籍のかわりに法務局発行の「法定相続情報」でも可）
②	相続人（窓口に出向いた人）の身分証明書、実印、印鑑証明書
③	被相続人の通帳・キャッシュカード・証書など
申請できる人	各相続人が誰でも申請可
手数料	各銀行等で所定の手数料がかかります

相続人のその他の口座、出資金、貸金庫の有無が把握できる他、融資などの借入金といったマイナスの財産が分かるので、記載された以上の取引がないことを確認できます。

これによって手続きをするべき財産漏れを防ぐことができ、相続人や税務署が正確に確認できる資料になります。

ワンポイント

各通帳の取引履歴を取得しておくと便利なとき

金融機関では、各通帳の取引履歴を過去にさかのぼって取得することができます。もし特定の相続人が被相続人と同居する中で、預貯金の引き出しを勝手に行っている場合や、また相続税の申告が必要な場合においては、過去数年の贈与の状況などを確認するため等、履歴を取得しておくと便利なときがあります。
取引履歴請求に必要な書類は右記の残高証明書の添付書類と同様です。

ワンポイント

通帳・カードが全く見当たらないか、他の銀行にも口座があると思われるとき

表「残高証明書の請求に必要な書類」の①②を持って、心当たりのある銀行を回りましょう。例えば、被相続人の住居の近くの支店やよく出かけていた場所等の近くにある銀行の支店などです。もしその銀行の異なる支店に口座があったとしても大抵の銀行は自行内の預貯金の有無は端末で照会できるシステムになっています（できない金融機関も一部あるようです）。

③「相続届」など解約・名義変更で必要な書類を必ずもらっておく

預貯金の解約・名義変更をするためには、各銀行所定の「相続届」様式に各相続人が各々直筆で記名・押印（実印）が必要になります。第１章に記載のある遺産分割協議書（相続財産のうち誰が何を取得するかを明記し、相続人全員で記名・押印した合意文書）に記名・押印する際に同時に相続届にも記名押印できるように、事前にこのタイミングで必ずもらっておきましょう。

また、相続届に記名・押印するのは手続きを行う代表相続人のみでよいか、取得する相続人のみでよいか、あるいは相続人全員のものが必要かといった記入の仕方を、担当者にその場で聞いておくとあとあと便利です。記載例もあればもらっておきましょう。併せて添付する必要な書類を漏れなく聞き出しておきます。代表の相続人が単独で手続きする場合は、他の相続人から代表相続人への委任状が必要になります。

相続人が各々離れたところに住んでいる場合はなかなか集まる機会がないかもしれません。書類を記入・押印する機会はなるべく1回で済ませると手間がかかりません。

(3) 解約・名義変更手続きをするための書類の準備

①銀行の窓口で手続きをする前に確認しておく

手続きパターンの分類

解約等をするときの手続きのパターンは左の表のような分類になります。該当する場合は準備しておきます。

銀行の窓口で手続きをする前に確認しておく

◆遺産分割協議書の作成
◆遺言書の有無の確認
◆各銀行で必要な「相続届」など必要な書類の記入 本文の(2)で説明したとおり、「相続届」様式は残高証明書請求のときにもらっておき、遺産分割協議書作成のときにまとめて各相続人に記名・押印（実印）をもらっておきます
◆銀行で必要とするすべての戸籍、印鑑証明書等は揃っているか ・被相続人の出生～死亡まですべての戸籍、住民票の除票など ・各相続人の現在戸籍、印鑑証明書など （上記戸籍のかわりに法務局発行の「法定相続情報」でも可）

手続きパターンの分類

（ア）遺産分割協議書がなく、遺言書もない	・相続届
（イ）遺産分割協議書がある	・遺産分割協議書 ・相続届その他
（ウ）遺言書がある （遺言執行者がいる）	・遺言書 ・相続届その他
（エ）遺言書がある （遺言執行者がいない）	・遺言書 ・相続届その他
（オ）裁判所による遺産分割の調停・審判をしている	・審判書謄本、確定証明書、調停書謄本、相続届その他
（カ）相続人の中に相続放棄や限定承認をした人がいる場合や、相続人不存在により相続財産管理人が選任されている場合	・相続放棄申述受理証明書、限定承認申述書謄本、相続財産管理人選任の審判書など ・相続届その他
（キ）信託銀行等に遺産整理委任契約をしている	・指定銀行で所要となる書類

この（ア）～（キ）のパターンの中で、各銀行で指定される様式の書類について添付書類を添えて提出することになります。

この中で通常のケースとして多いのは（ア）（イ）（ウ）になります。

②相続届様式の記入の仕方

代表的な場合（ア）（イ）（ウ）における記入の仕方

パターン（ア）の場合　【遺産分割協議書がなく、遺言書もない場合】

銀行の相続届様式に相続人全員が署名・押印（実印）する必要があります。各相続人全員が印鑑証明書どおりの住所・氏名で直筆します。被相続人の住所欄は銀行届出上の住所と現在の住民票上の住所が異なる場合があるので、空欄にしておいて窓口で確認のうえ記入するようにしてください。

払戻金を相続人代表者口座にまとめて振り込み後に分配するか、各相続人ごと分割して振り込みするか、名義変更をするなら誰の名義にするか検討が必要になります。

必ず用紙をもらうときに記入の仕方を銀行担当者に確認しておきます。

パターン（イ）の場合【遺産分割協議書がある場合】

銀行預金各口座をどのように分配するか、相続人の間で協議決定して遺産分割協議書を作成し、それに相続人全員が記名・押印（実印）することが必要になります。すべて各相続人の印鑑証明書どおりの住所・氏名で直筆します。

大抵の銀行の場合、遺産分割協議書があれば相続届様式には受け取る相続人の記名・押印があれば大丈夫ですが、一部の銀行では、遺産分割協議書がある場合でもこの様式に相続人全員の記名・押印（実印）が必要になることがあります。

相続届様式の被相続人の住所欄は銀行届出上の住所と現在の住民票上の住所が異なる場合があるので、空欄にしておいて窓口で確認のうえ記入するようにしてください。

払戻しは、相続届様式で指定した相続人代表の口座または分割して各相続人の口座に振り込まれます。名義変更なら特定の相続人の名義に変更されます。

※相続届に記名・押印するのは、解約等手続きを行う代表相続人のみでよいか（その場合は各相続人から代表相続人への委任状が必要）、相続人全員分が必要か、あらかじめ銀行担当者に確認をしておくとよいでしょう。

パターン（ウ）の場合【遺言書がある（遺言執行者がいる）場合】

遺言書がある場合は、公正証書遺言（第２章）あるいは自筆証書遺言（検認済証明

一般的に必要になる書類まとめ

【必ず必要になる書類】 通帳・カード、手続きを行う者の本人確認のための運転免許証等・印鑑証明書・実印	
遺言書がない場合	**遺言書がある場合**
相続届	相続届
戸籍謄本等（すべて原本） ・被相続人の出生～死亡まで ・相続人等の現在のもの （または「法定相続情報」）	戸籍謄本等（すべて原本） ・被相続人の出生～死亡まで ・相続人等の現在のもの （または「法定相続情報」）
印鑑証明書（相続人全員）原本	遺言書（原本） ・公正証書遺言　または ・自筆証書遺言（検認済のもの）
遺産分割協議書（原本） （成立している場合）	手続きを行う者の印鑑証明書原本
その他各銀行で必要とする書類	

※原本の提示が必要な書類は、大抵の銀行はコピーを取ったのちに返却してくれます。他の金融機関や土地の名義変更などの法務局での手続きに繰り返し使用できますので、必ず還付してもらいましょう。一方で印鑑証明書は原本を徴取する銀行があるので、事前に原本の提出が必要かどうか確認しておくとよいでしょう。

※印鑑証明書や相続人の現在戸籍謄本について、発行日から3カ月以内や6カ月以内でないと受け付けてくれない金融機関があるので注意しましょう。

※金融機関ごとに少しずつ求められる書類が異なる場合があります。銀行1行1行ごと、ゆうちょ銀行ごとに丁寧に整理して進めていきましょう。

書付）を添付して、その遺言書に記載されている指定の相続人・受遺者に取得させるために、遺言執行者が単独で相続届に記名・押印（実印）することになります。記名は遺言執行者の印鑑証明書どおりの住所・氏名で直筆します。手続き後、遺言で指定された相続人・受遺者の口座に振り込まれます。

特に農業協同組合や信用金庫、信用組合などの場合に、出資金があったり共済保険契約があったりすると書類が増えて若干難しくなります。もし面倒であれば手続きを専門家にまかせてしまう方法もあります。

(4) 解約・名義変更手続き

「相続届」などの様式と指定された添付書類を提出

当該銀行の別の支店の口座の解約・名義変更の手続きであっても、取次でまとめて受け付けしてくれます（一部の銀行では直接口座のある支店に行くように言われることがあります）。

必要書類を添付し提出してから、即日からおよそ3週間を目処に指定の口座に入金されます。これは各銀行で異なります。

相続届記載例

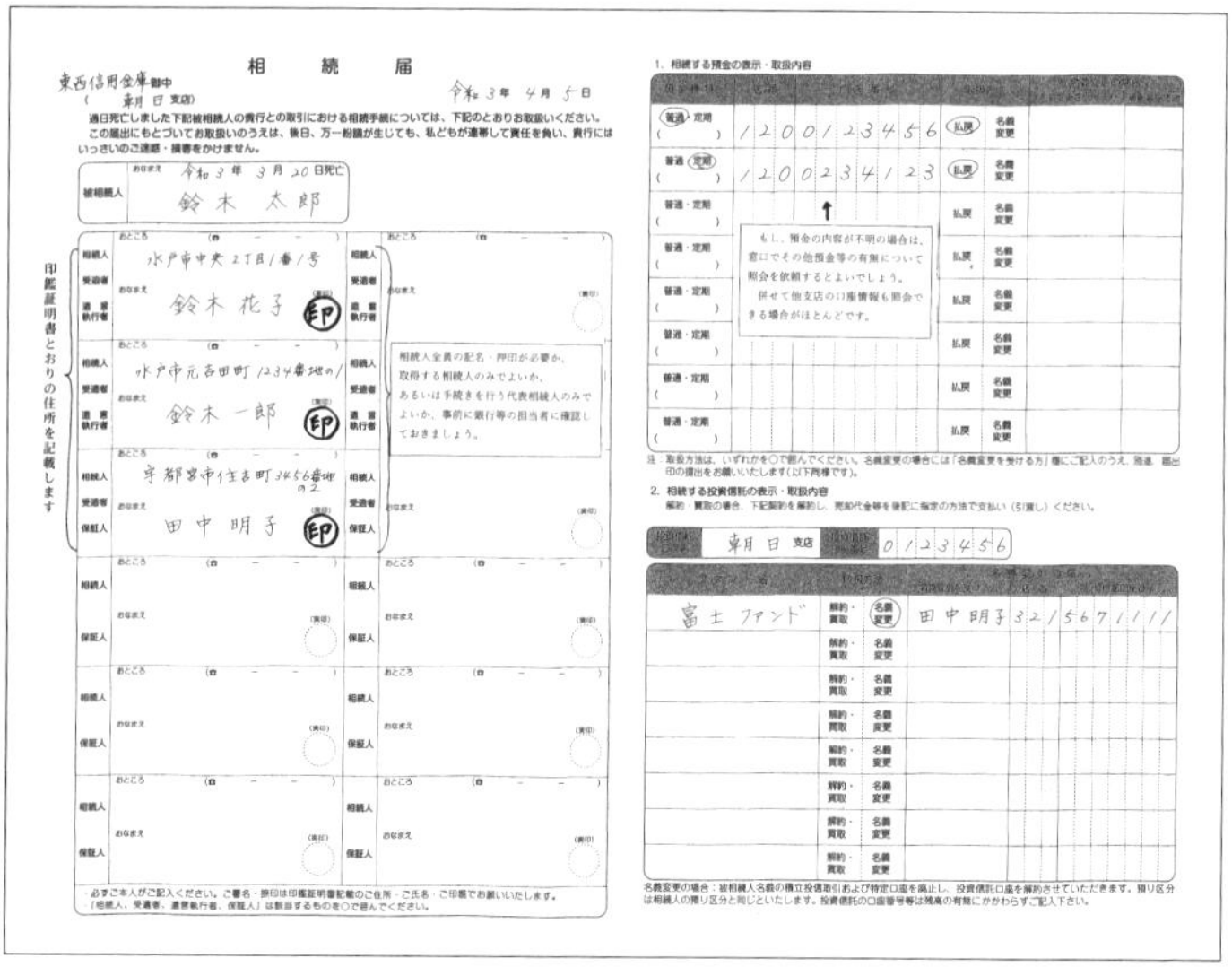

相　続　届

東西信用金庫御中
（　東日　支店）

令和3年　4月　5日

過日死亡しました下記被相続人の貴行との取引における相続手続については、下記のとおりお取扱いください。
この届出にもとづいてお取扱いのうえは、後日、万一紛議が生じても、私どもが連帯して責任を負い、貴行にはいっさいのご迷惑・損害をかけません。

被相続人	おなまえ　令和3年　3月20日死亡 鈴木　太郎

印鑑証明書とおりの住所を記載します

相続人・受遺者・遺言執行者	おところ　水戸市中央2丁目1番1号 おなまえ　鈴木　花子　（実印）
相続人・受遺者・遺言執行者	おところ　水戸市元吉田町1234番地の1 おなまえ　鈴木　一郎　（実印）
相続人・受遺者・保証人	おところ　宇都宮市住吉町3456番地の2 おなまえ　田中　明子　（実印）

相続人全員の記名・押印が必要か、取得する相続人のみでよいか、あるいは手続きを行う代表相続人のみでよいか、事前に銀行等の担当者に確認しておきましょう。

1．相続する預金の表示・取扱内容

普通・定期	12001234 56	払戻	名義変更
普通・定期	12002341 23	払戻	名義変更

もし、預金の内容が不明の場合は、窓口でその他預金等の有無について照会を依頼するとよいでしょう。
併せて他支店の口座情報も照会できる場合がほとんどです。

注：取扱方法は、いずれかを○で囲んでください。名義変更の場合には「名義変更を受ける方」欄にご記入のうえ、預通、届出印の提出をお願いいたします（以下同様です）。

2．相続する投資信託の表示・取扱内容
解約・買取の場合、下記契約を解約し、売却代金等を後記に指定の方法で支払い（引渡し）ください。

東日　支店　0123456

富士ファンド	解約・買取　名義変更	田中明子　3215671111

名義変更の場合：被相続人名義の積立投信取引および特定口座を廃止し、投資信託口座を解約させていただきます。

必ずご本人がご記入ください。ご署名・捺印は印鑑証明書記載のご住所・ご氏名・ご印鑑でお願いいたします。
「相続人、受遺者、遺言執行者、保証人」は該当するものを○で囲んでください。

(5) ゆうちょ銀行の場合

ゆうちょ銀行での解約・名義変更の手続きについても、基本的には前述(1)〜(4)で説明した様式と添付書類が必要になってきます。ただ、一部手続きの順番がゆうちょ銀行の指定の流れがあるのでそれに従います。

①相続確認表の様式を最寄りのゆうちょ銀行（郵便局）の窓口でもらう（またはゆうちょ銀行のホームページからダウンロードする）

難しい内容ではありませんの

相続確認表の提出時にあるとよい書類

①	・被相続人の死亡の事実が分かる戸籍謄本（除籍謄本及び住民票除票など） ・窓口に出向く人が相続人であることが分かる戸籍謄本 （上記戸籍のかわりに法務局発行の「法定相続情報」でも可）
②	相続人（窓口に出向いた人）の身分証明書、実印、印鑑証明書
③	被相続人の通帳・キャッシュカード・証書など
申請できる人	各相続人が誰でも申請可

※この時点では被相続人の出生から死亡までの戸籍や、相続人全員の戸籍は求められません。しかし、もし全部揃っている場合はこの時点で戸籍の原本を提示してコピーしてもらいましょう。

で、被相続人、相続人の情報を記入してゆうちょ銀行の窓口に提出します。できれば上の表の書類を準備してから行きましょう。

②「必要書類のご案内」が送付されてくるので中身を確認して必要な書類を準備する

上記で相続確認表等を提出するとゆうちょ銀行の貯金事務センターから「必要書類のご案内」が送付されてきます。その中に相続手続きとして解約・名義変更するために必要な書類が一覧で示されています。この場合においても前述の、「(3) 解約・名義変更手続きをするための書類の準備」の「一般的に必要になる書類まとめ」で説明しました書類が必要とされています。

「相続手続請求書」という様式が同封されて

きますが、これも前々項で説明した「相続届」と同じ役割です。

③ゆうちょ銀行の窓口に「相続手続請求書」と添付書類の提出

準備のできた必要書類を窓口に提出します。最寄りのゆうちょ銀行（郵便局）の窓口でも手続きできますが、中央郵便局や大きな店舗の方が相続手続きをこなしている件数が多いので、ゆうちょ銀行の担当者が慣れている場合があり、早く手続きが終わることが多いです。

相続で受け取る相続人がゆうちょ銀行口座を持っている場合はその口座を振込先に指定することができますし、払戻証書で受け取ることもできます。

④払戻証書または名義書換済通帳の受け取り

③で相続手続請求書と添付書類を提出すると、2週間くらいしてから払戻証書（解約の場合）または名義書換済通帳が送付されてきます。最寄りのゆうちょ銀行の窓口へ行って換金しましょう。その場合は、換金する相続人の身分証明書や三文判が必要になります。

相続確認表　記載例

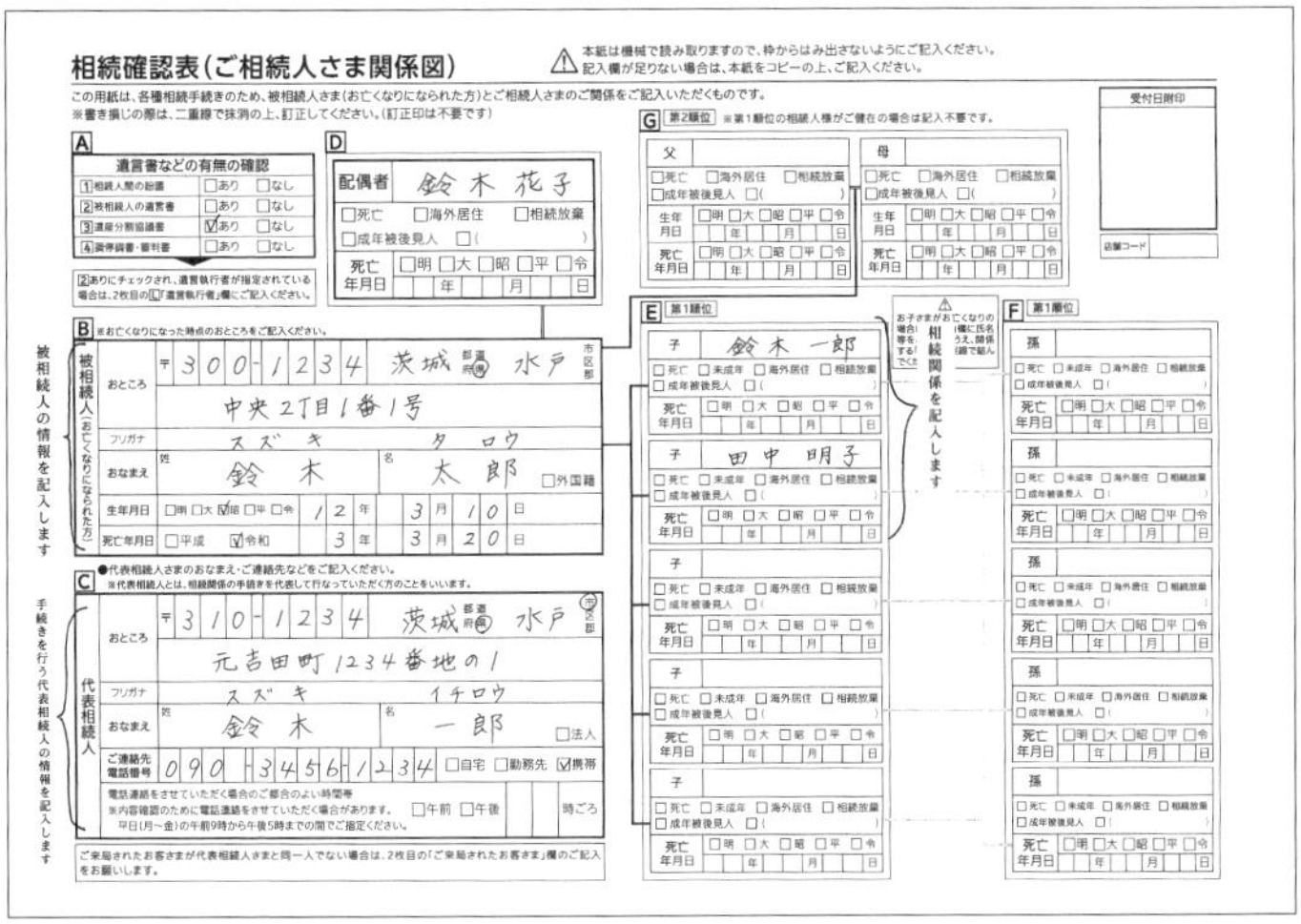

相続確認表(ご相続人さま関係図)

本紙は機械で読み取りますので、枠からはみ出さないようにご記入ください。
記入欄が足りない場合は、本紙をコピーの上、ご記入ください。

この用紙は、各種相続手続きのため、被相続人さま(お亡くなりになられた方)とご相続人さまのご関係をご記入いただくものです。
※書き損じの際は、二重線で抹消の上、訂正してください。(訂正印は不要です)

A 遺言書などの有無の確認
1 相続人間の紛議　□あり　□なし
2 被相続人の遺言書　□あり　□なし
3 遺産分割協議書　☑あり　□なし
4 調停調書・審判書　□あり　□なし
2ありにチェックされ、遺言執行者が指定されている場合は、2枚目の[L]「遺言執行者」欄にご記入ください。

D 配偶者　鈴木花子
□死亡　□海外居住　□相続放棄
□成年被後見人　□(　　)
死亡年月日　□明 □大 □昭 □平 □令　年　月　日

B ※お亡くなりになった時点のおところをご記入ください。
被相続人の情報を記入します
おところ　〒300-1234　茨城県　水戸市　中央2丁目1番1号
フリガナ　スズキ　タロウ
おなまえ　姓 鈴木　名 太郎　□外国籍
生年月日　□明 □大 ☑昭 □平 □令　12年　3月　10日
死亡年月日　□平成 ☑令和　3年　3月　20日

●代表相続人さまのおなまえ・ご連絡先などをご記入ください。
※代表相続人とは、相続関係の手続きを代表して行なっていただく方のことをいいます。
C 手続きを行う代表相続人の情報を記入します
おところ　〒310-1234　茨城県　水戸市　元吉田町1234番地の1
フリガナ　スズキ　イチロウ
おなまえ　姓 鈴木　名 一郎　□法人
ご連絡先電話番号　090-3456-1234　□自宅 □勤務先 ☑携帯
電話連絡をさせていただく場合のご都合のよい時間帯
※内容確認のために電話連絡をさせていただく場合があります。　□午前 □午後　時ごろ
平日(月～金)の午前9時から午後5時までの間でご指定ください。
ご来局されたお客さまが代表相続人さまと同一人でない場合は、2枚目の「ご来局されたお客さま」欄のご記入をお願いします。

G 第2順位 ※第1順位の相続人様がご健在の場合は記入不要です。
父　□死亡 □海外居住 □相続放棄 □成年被後見人 □(　)　生年月日　死亡年月日
母　□死亡 □海外居住 □相続放棄 □成年被後見人 □(　)　生年月日　死亡年月日

E 第1順位
子　鈴木一郎　□死亡 □未成年 □海外居住 □相続放棄 □成年被後見人 □(　)　死亡年月日
子　田中明子　□死亡 □未成年 □海外居住 □相続放棄 □成年被後見人 □(　)　死亡年月日
子
子
子

お子さまがお亡くなりの場合は、相続関係を記入します

F 第1順位
孫
孫
孫
孫
孫

受付日附印
店舗コード

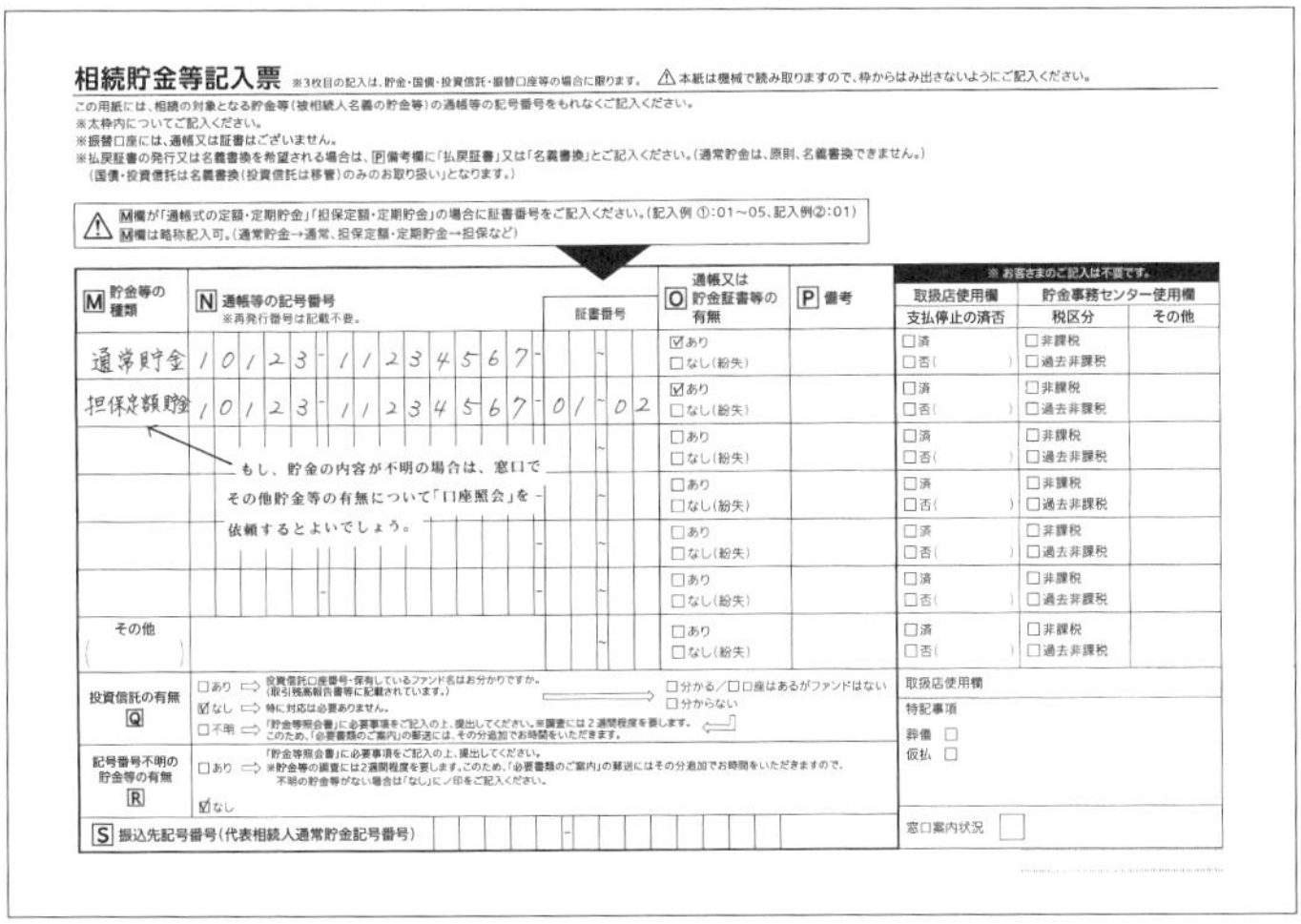

相続貯金等記入票 ※3枚目の記入は、貯金・国債・投資信託・振替口座等の場合に限ります。 本紙は機械で読み取りますので、枠からはみ出さないようにご記入ください。

この用紙には、相続の対象となる貯金等(被相続人名義の貯金等)の通帳等の記号番号をもれなくご記入ください。
※太枠内についてご記入ください。
※振替口座には、通帳又は証書はございません。
※払戻証書の発行又は名義書換を希望される場合は、[P]備考欄に「払戻証書」又は「名義書換」とご記入ください。(通常貯金は、原則、名義書換できません。)
(国債・投資信託は名義書換(投資信託は移管)のみのお取り扱いとなります。)

M欄が「通帳式の定額・定期貯金」「担保定額・定期貯金」の場合に証書番号をご記入ください。(記入例①:01～05、記入例②:01)
M欄は略称記入可。(通常貯金→通常、担保定額・定期貯金→担保など)

M 貯金等の種類	N 通帳等の記号番号 ※再発行番号は記載不要。	証書番号	O 通帳又は貯金証書等の有無	P 備考	取扱店使用欄 支払停止の済否	貯金事務センター使用欄 税区分	その他
通常貯金	10123-1234567		☑あり □なし(紛失)		□済 □否	□非課税 □過去非課税	
担保定額貯金	10123-1234567	01～02	☑あり □なし(紛失)		□済 □否	□非課税 □過去非課税	
			□あり □なし(紛失)		□済 □否	□非課税 □過去非課税	
			□あり □なし(紛失)		□済 □否	□非課税 □過去非課税	
			□あり □なし(紛失)		□済 □否	□非課税 □過去非課税	
			□あり □なし(紛失)		□済 □否	□非課税 □過去非課税	
その他			□あり □なし(紛失)		□済 □否	□非課税 □過去非課税	

もし、貯金の内容が不明の場合は、窓口でその他貯金等の有無について「口座照会」を依頼するとよいでしょう。

投資信託の有無 Q　□あり ☑なし □不明
記号番号不明の貯金等の有無 R　□あり ☑なし
S 振込先記号番号(代表相続人通常貯金記号番号)

取扱店使用欄　特記事項　葬儀□　仮払□　窓口案内状況

相続手続請求書　記載例

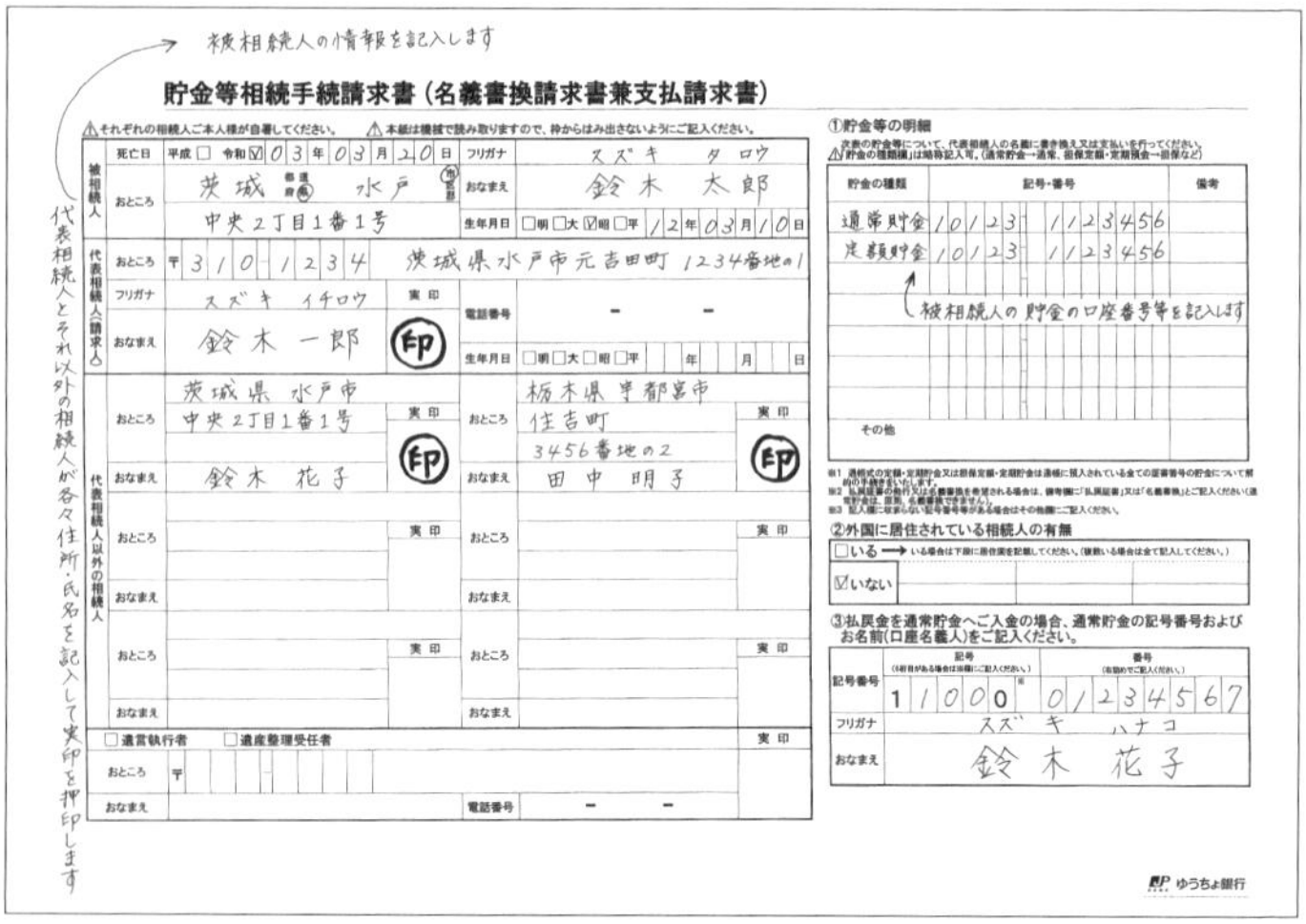

貯金等相続手続請求書（名義書換請求書兼支払請求書）
それぞれの相続人ご本人様が自署してください。
本紙は機械で読み取りますので、枠からはみ出さないようにご記入ください。
被相続人
死亡日　平成□　令和☑ 03年03月20日
フリガナ　スズキ　タロウ
おところ　茨城　県　水戸　市
中央2丁目1番1号
おなまえ　鈴木　太郎
生年月日　□明□大☑昭□平 12年03月10日
代表相続人（請求人）
おところ　〒310-1234　茨城県水戸市元吉田町1234番地の1
フリガナ　スズキ　イチロウ
おなまえ　鈴木　一郎
実印
電話番号
生年月日　□明□大□昭□平　年　月　日
代表相続人以外の相続人
おところ　茨城県水戸市　中央2丁目1番1号
おなまえ　鈴木　花子
実印
おところ　栃木県宇都宮市　住吉町　3456番地の2
おなまえ　田中　明子
実印

□遺言執行者　□遺産整理受任者
おところ　〒
おなまえ
電話番号
実印
①貯金等の明細
貯金の種類
記号・番号
備考
通常貯金　10123　1123456
定額貯金　10123　1123456

その他
②外国に居住されている相続人の有無
□いる
☑いない
③払戻金を通常貯金へご入金の場合、通常貯金の記号番号およびお名前（口座名義人）をご記入ください。
記号番号　記号　11000　番号　01234567
フリガナ　スズキ　ハナコ
おなまえ　鈴木　花子
JP ゆうちょ銀行

ワンポイント

預貯金はどうして凍結されるのか

被相続人が亡くなるとその故人の預貯金口座は停止されるのが一般的です。

銀行や郵便局など金融機関が訃報などで独自に死亡を判断したり、遺族が被相続人の死亡を金融機関などに確認したりすると預金の支払いが凍結されるのです（遺族が申し出をしない場合、金融機関が気付かずに口座が未凍結のまま時間が経過することもあります）。

口座凍結は金融機関としてはあとあと相続でもめた場合など

に巻き込まれないようにする意図を含め、遺産を保全する目的があります。

故人の口座の預貯金は、ひととおりの手続きを終えたあと、相続人代表者の口座あるいは分割した各相続人の口座に振り込まれることになります。

▼ポイント

当面の生活費や葬儀費用などに預金の一部だけでも引き出させてほしい、と頼んでも、銀行からは正式な解約・名義変更手続きをとるように求められます。

また民法改正により令和元年から、預貯金の仮払い制度が新設されました。それは共同相続人のうちの一人が金融機関の窓口で仮払いの請求をする場合は、各銀行の相続開始時の預貯金額×１／３×その相続人の法定相続分＝単独で払戻しをすることができる金額となります。

改正法では、「金融機関ごと（複数の口座がある場合は合算）の上限金額」を定めており、各銀行ごとにその上限額を１５０万円としています。

一方で、おすすめしませんが、当初、銀行などには被相続人が死亡したことを隠して、当面の必要な金額をおろしてしまうという便法もあります。その場合には、他の相続人の同意を得て引き出ししたり、あとからトラブルにならないためにも、必ず引き出した資金について葬儀などで使用した明細を記して管理した方がよいでしょう。

2. 株式・債券・投資信託等の名義変更等の流れ

被相続人が所有していた株式・債券・投資信託等（「株式等」とします）の名義変更などの手続きは基本的には銀行と同じ流れになりますが、以下で説明するように、株式の相続手続きについては、未電子化株や端数株などがあるケースがあり、預貯金手続きよりも難しくなることが多いです。

相続人を確認するための「被相続人の出生から死亡までの連続した戸籍謄本」など、求められる添付書類は同様になります。

また株式等の相続手続きはいきなり解約して現金化することはできず、いったん相続人の証券会社の口座へ名義変更をする形になります。現金化したい場合は、移管後に売却しましょう（以下で説明する端数株などは直接現金化できる場合があります）。

(1) まず被相続人の株式等を把握する

①証券会社等の郵送物を確認

被相続人が所有している株式等を把握するためには、被相続人宅に証券会社から定期的に郵送されてくる運用報告書や取引残高報告書、あるいは信託銀行などから送られてくる配当通知書などが最も重要な情報源になります。これらの送付元と株式等の内容を見ると、どの証券会社・信託銀行のどの支店に、どのような口座を開設して株式等を所有しているかが分かります。

株式等には、上場株式、中小企業の未上場株式、債券、投資信託、ＦＸなど様々な商品があります。さらに最近ではネット証券なども増えてきているため、取引明細が郵送されてこないケースもしばしばあります。その場合には、被相続人のメールの受信履歴などネット証券情報の受信メールを見て、手続きをするべき証券会社と被相続人所有の株式などを特定していく必要が出てきます。

ここでは証券会社や信託銀行に預けている一般的な株式等の手続きについて説明いたします。

一覧の例

	証券会社名	支店名	銘柄名	種　別	数　量
①	野川証券	南町支店	日建製作所	国内株式	1,000株
②	〃	〃	野川ＵＳハイ・イールド債投信米ドル建	投資信託	3,000口
③	東北証券	東西支店	相葉ファンドラップ	自動継続投資口	5,420,000口
④	南西証券	北町支店	グローバル・ケロリン・オープン【毎月決算型　分配金受取コース】	ファンド	2,500,000口
⋮	⋮	⋮	⋮	⋮	⋮

②運用報告書や配当通知書等をもとに一覧にする

(2) 証券会社等の窓口へ行く

①手元に運用報告書・配当通知書などがある証券会社の窓口で所有株式一覧・残高証明書の発行を請求します（死亡日現在の残高）。（信託銀行等で手続きが必要な場合もあります。③参照）

保有株式一覧・残高証明書の請求に必要な書類

①	・被相続人の死亡の事実が分かる戸籍謄本（除籍謄本及び住民票除票など） ・窓口に出向く人が相続人であることが分かる戸籍謄本 （上記戸籍のかわりに法務局発行の「法定相続情報」でも可）
②	相続人（窓口に出向いた人）の身分証明書、実印、印鑑証明書
③	被相続人の運用報告書・配当通知書など
申請できる人	各相続人が誰でも申請可
手数料	各証券会社・信託銀行等で所定の手数料がかかる場合があります

ワンポイント

未電子化株・端数株とは

平成21年1月に株券電子化が行われ、上場会社の株式は証券会社の口座に移管されました。ただし、株券のまま保有してしまい、何も手続きをしなかった場合や単元未満株（売買の取引単位である株数に満たない端数の株式）を保有している場合などは、その株式の管理を行う口座に移管されずに、証券会社の信託銀行に特別口座として管理されている場合があります。

単元未満株などの記載がある配当金通知書がある場合は、当該信託銀行等で、所有株式一覧・残高証明書等の発行を請求する必要があります。

②「相続手続依頼書」「口座開設申込書」など名義変更で必要な書類を必ずもらっておく

相続手続依頼書に記名・押印するのは手続きを行う代表相続人のみでよいか、株式等を取得する相続人のみでよいか、相続人全員から必要かなど、記入の仕方を担当者にその場で聞いておくとあとあと便利です。また記載例もあればもらっておきましょう。併せて添付する必要がある書類を漏れなく聞き出しておきます。代表相続人が単独で手続きする場合は、他の相続人から代表相続人への委任状が必要になります。

また名義変更を受ける相続人が当該証券会社等に自分の口座を持っていない場合は、当相続人の証券会社口座を開設する必要があります。併せて口座開設申込書をもらうと同時に記入の仕方を担当者に聞いておくとよいでしょう。

もしお住まいの地域に該当の証券会社や信託銀行の店舗がない場合は、各証券会社等に相続相談用の相続センターがあるので、電話で問い合わせてみましょう。

ワンポイント　相続人の証券口座を作るときに知っておくとよいこと！

株式や債券、投資信託等を相続するときには、いったん証券会社などに相続人の証券口座等を開設する必要があります。その際に「一般口座」と「特定口座」を選択することになります。その際は特定口座にしておくとあとあと楽になる場合が多いです。特定口座にしておくと、証券会社等が代理してその証券口座の年間の取引内容の履歴を作成してくれますし、確定申告を代わりに行ってくれます。一般口座を選択すると自分で取引の動きを確認して自分で確定申告を行うことになるので面倒になります。

③未電子化株式と単元未満株式の相続手続き

株式等の有価証券は、証券会社の口座に預けてある場合がほとんどだと思います。そのため、相続手続きは証券会社において行えばそれで終わりになると勘違いをする相続人は多いようです。ところが実際にはそれだけでは終わらないことが多くあります。

例えば、前述の「⑵証券会社の窓口へ行く」「ワンポイント　未電子化株・端数株とは」で説明したとおり、これらの株式は信託銀行等での手続きが必要になります。単元未満株は金融商品取引所での一般の売買取引ができないため、信託銀行に時価で買い取ってもらうか、相続する相続人の証券口座に移管するか、どちらかの手続きを

株式買取請求書　記載例

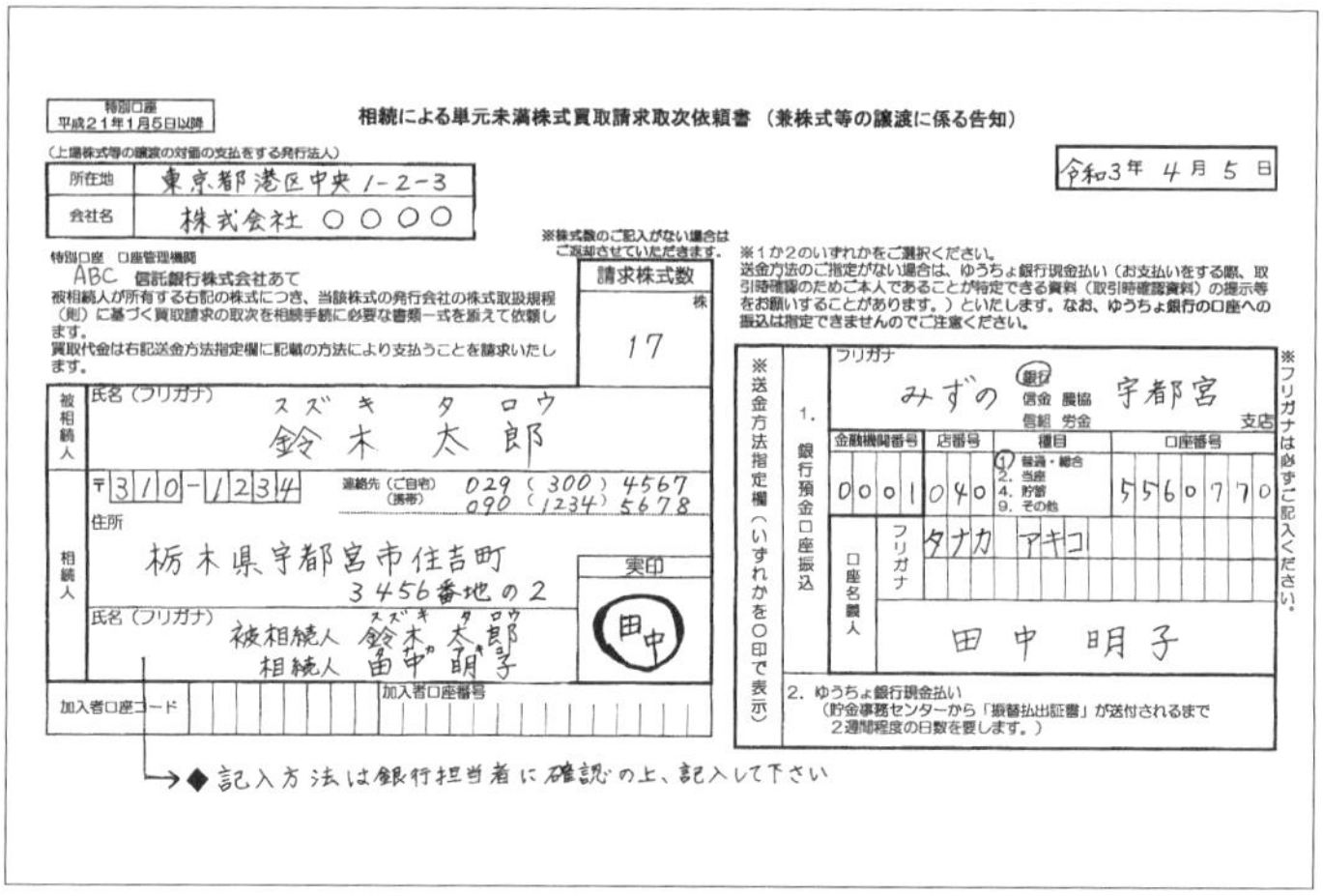
特別口座
平成21年1月5日以降

相続による単元未満株式買取請求取次依頼書（兼株式等の譲渡に係る告知）

令和3年 4月 5日

（上場株式等の譲渡の対価の支払をする発行法人）

所在地	東京都港区中央1-2-3
会社名	株式会社 ○○○○

特別口座　口座管理機関
ABC 信託銀行株式会社あて
被相続人が所有する右記の株式につき、当該株式の発行会社の株式取扱規程（則）に基づく買取請求の取次を相続手続に必要な書類一式を添えて依頼します。
買取代金は右記送金方法指定欄に記載の方法により支払うことを請求いたします。

※株式数のご記入がない場合はご返却させていただきます。
請求株式数　17 株

被相続人　氏名（フリガナ）　鈴木《スズキ》 太郎《タロウ》

相続人
〒310-1234
連絡先（ご自宅）029（300）4567
（携帯）090（1234）5678
住所　栃木県宇都宮市住吉町3456番地の2
氏名（フリガナ）　被相続人 鈴木《スズキ》太郎《タロウ》
相続人 田中《タナカ》明子
実印　田中

加入者口座コード　　加入者口座番号

※1か2のいずれかをご選択ください。
送金方法のご指定がない場合は、ゆうちょ銀行現金払い（お支払いをする際、取引時確認のためご本人であることが特定できる資料（取引時確認資料）の提示等をお願いすることがあります。）といたします。なお、ゆうちょ銀行の口座への振込は指定できませんのでご注意ください。

※送金方法指定欄（いずれかを○印で表示）

1. 銀行預金口座振込
フリガナ
みずの　銀行・信金・農協・信組・労金　宇都宮 支店

金融機関番号	店番号	種目	口座番号
0001	040	①普通・総合 2.当座 4.貯蓄 9.その他	5560770

口座名義人　フリガナ　タナカ アキコ
田中 明子

2. ゆうちょ銀行現金払い
（貯金事務センターから「振替払出証書」が送付されるまで2週間程度の日数を要します。）

※フリガナは必ずご記入ください。

◆記入方法は銀行担当者に確認の上、記入して下さい

する必要が出てきます。

証券会社の「相続手続依頼書」とは別途に、未電子化株式または単元未満株式の手続き用として、信託銀行での「相続手続依頼書」「口座振替依頼書」「株式買取請求書」など所要の様式が必要になってきますので、忘れずにもらっておき、遺産分割協議書等への記名・押印時にまとめて作成しましょう。

④未受領配当金の相続手続き

前記の未電子化株式や単元未満株の他に、抜けてしまいがちなのが「未受領配当金」の存在です。「未受領配当金」とは、被相続人が持っていた株式について、配当金が振り込まれてくる

口座振替請求書　記載例

口座振替申請書（相続等一般承継用）[特別口座]

令和3年 4月 5日

会社名（銘柄名）	株式会社 ○○○○

特別口座 口座管理機関　ＡＢＣ信託銀行株式会社あて

被相続人の特別口座保有欄に記載または記録されている上記銘柄の振替株式について、下記私名義の振替先口座（保有欄）への口座振替の申請をいたします。

◆被相続人の住所氏名を正確に記入します

被相続人		
	ご住所	茨城県水戸市中央2丁目1番1号
	ご氏名	（フリガナ）スズキ タロウ 鈴木 太郎

◆端数株等を相続する相続人の住所氏名を正確に記入します

申請人（相続人等）		
	ご住所	〒310－1234　電話番号 090－1234－5678 茨城県水戸市元吉田町1234番地の1
	ご氏名	（フリガナ）スズキ タロウ　スズキ イチロウ 被相続人　鈴木 太郎 相続人　鈴木 一郎　（印：鈴木）

◆実印を押印します

◆記入方法は銀行担当者に確認の上記入して下さい

1．振替先の口座明細

◆端数株等を相続する相続人の証券口座を記入します

証券会社等の名称	野川證券
部支店名	南町支店
加入者名	鈴木 一郎
機構加入者コード（7桁）※	1234567
加入者口座コード（21桁）※	567891111345622222345 6

※振替先のコードがご不明の場合は、お取引の証券会社等口座管理機関へお問い合わせのうえ、必ずご記入ください。（コードはすべて数字となります。）

2．振替株式数

株式数	117 株

◆端数株等の数を記入します

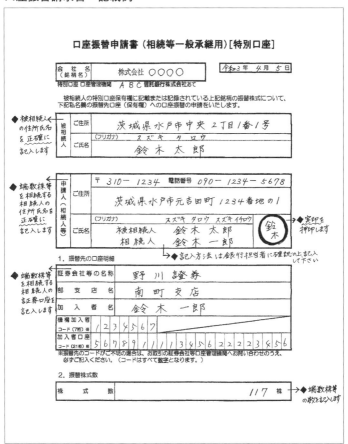

未受領配当金の受領の方法の選択

①	信託銀行等で相続手続き後、相続人の指定銀行口座に入金する
②	信託銀行等で相続手続き後、ゆうちょ銀行の払戻証書を郵送してもらい、それを相続人がゆうちょ銀行窓口で換金する

銘柄である場合、被相続人が受け取らないままになっているものをいいます。

手続きが抜けてしまう理由としては、証券会社はただ被相続人の株式を管理しているだけで、株式の配当金の管理・配当金通知書の発送は株主名簿管理人である信託銀行等が行っているためです。

さらに、もともと被相続人が銀行口座に配当金の振込を指定していた場合において、もしその銀行口座が凍結されてしまうと信託銀行等が被相続人の口座に配当金を振り込もうとしても振り込めず、その配当金が「未受領」となってしまいます。そうすると、後日、信託銀行等から配当金が入金できなかった旨のお知らせが届きます。

そのお知らせをもとに、当該株式の配当金を管理している信託銀行等（株主名簿管理人）で相続手続きを行う必要があります。

株式の銘柄によって、株主名簿管理人（ほとんどが信託銀行）が分からない場合は、その銘柄の会社のホームページを見ると記載されていますし、被相続人の口座を管理していた証券会社に電話して問い合わせると教えてくれます。

株式の銘柄や相続手続き先の信託銀行等によって手続き方法が異なってきますので、信託銀行等の相続センターへ問い合わせをするか、近くの該当信託銀行の支店で必要書類を集めましょう。

(3) 証券会社等の窓口へ書類を提出

前述の各証券会社または信託銀行所定の「相続手続依頼書」「口座振替依頼書」「株式買取請求書」「口座開設申込書」などの様式のうち、必要な様式と各々の金融機関に指定された添付書類を該当の証券会社等の窓口に提出しましょう。

基本的には前述の銀行の相続手続きにおいて、「解約・名義変更手続きをするための書類の準備」と「解約・名義変更手続き」で説明した書類を準備して証券会社または信託銀行の窓口で手続きを行います。

あらかじめ、提出する様式と添付書類、記入の仕方などは必ず前述(2)で証券会社等の窓口へ行ったときに担当者に聞き出しておくことが重要です。

3. 出資金の解約・名義変更等の流れ

信用金庫や農業協同組合、生活協同組合、森林組合（「信金等」といいます）などの協同組織は会員が出し合った出資金を元手に運営されています。そのため、被相続人が信金等に預金口座を持っていると、別途出資をしている場合がありますので、その出資金を払戻し、もしくは名義変更を行う必要が出てきます。

(1) 被相続人の自宅で探索

被相続人が上記の組織の会員で、なおかつ出資していた場合、出資を証明する「出資証券」「出資証書」「出資証明書」などが発行されていることが多いです。被相続人の自宅に出資証券等が保管されていないか、金庫や重要書類を入れている引き出しなどの中を一度探してみましょう。

ただし上場会社の株券電子化と同様、出資証券も電子化が進んでいます。出資証券の発行が廃止されると、電子化による管理に一元化され、紙の出資証券そのものは効力を失います。

紙の出資証券がない場合や発行されていない場合、基本的には出資内容を知らせる「出資配当金支払通知書」が発行されて郵送されてきているはずです。まずは思い当たる場所を探してみましょう。

(2) 信金等の窓口で残高証明書の発行を請求

手元に出資証券等が見当たらない場合、出資金があることを見過ごす可能性もあります。

前述の預貯金の残高証明書（死亡日現在の残高）を請求する際に、名寄せ（該当の信金等における被相続人のその他の取引記録を合算すること）を行うと出資金が記載されているので把握できます。

その際に、必ず「解約する場合」と「名義変更する場合」の書類様式を窓口でもらっておき、記入の仕方を信金等の職員に確認しておくとあとの事務手続きが進めやすくなります。

(3) 解約か名義変更かを決定し、手続き

遺産分割協議で出資金をどの相続人が取得するかを決定し、書類を提出します。

添付する書類は前述の預貯金の相続手続き書類とほぼ同じになります。遺言書で相続する相続人が指定されている場合は、それに従うこともあります。

・信金等から脱退して、出資金の解約を行う場合

※解約する場合は、その信金等では年度末までは解約できず、翌期の4～5月頃に開催される総代会での議決後に解約、振込になります。

・出資証券等の名義を特定の相続人に変更して、信金等の組合員を継続する場合

※名義変更する場合は、特定の相続人の名義に変更することになります。出資証券名義を複数の相続人にバラバラに名義変更したり、共有で名義変更することはできない場合がほとんどです。対象の信金等に確認しましょう。

※名義変更する場合は、相続する各信金等の要件があります。例えば、住所や勤務地が特定の県、市町村にあるかどうかなどを審査されることもあります。担当者に確認してみましょう。

4．クレジットカードの退会の手続き

三井住友カード、三菱ＵＦＪニコス、ＪＣＢなどのクレジットカードを被相続人が持っていた場合は、退会の手続きが必要になります。さらに使用残額がある場合はそ

の精算が必要になります。

世にある様々なカードは単体のカードのように見えて「よく見るとクレジットカード機能がついていた！」という場合もありますが、注意しながら見れば漏れなく探すことができるかと思います。被相続人のお財布やカードケース、預金通帳の引き落とし履歴等から見当をつけていきましょう。

（例）ガソリンスタンドのカード、電車など交通系のＩＣカード、デパートの会員カード、ドラッグストアのポイントカードなど

【退会の手続き】

まずは該当のクレジット会社のお問い合わせ先に連絡してみましょう。インターネットで「〇〇〇クレジット　お問い合わせ」等で検索するとすぐに情報が見つかります。手続きは電話のみで退会できる場合と必要書類を送付しなければ退会できない場合があります。

まずは、死亡した契約者の氏名、住所、生年月日、銀行口座、カード番号などが答えられるようにメモなどに整理しておきましょう。また確認のため、連絡した人と契約者との関係や氏名、連絡先なども聞かれますので、心づもりをしておいてください。

亡くなった方が、カードを利用していないことが確認された場合（＝支払い残がない場合）は、本人の解約と同じように、その場で解約手続きが行われ、「カードは廃棄してください」といわれて完了する場合がほとんどです。各クレジットカード会社の指示に従いましょう。

カードの支払い残がある場合は、払込のための納付書が送付されてくるので振込が完了後に退会となります。

その場合の支払い額の負担をどの相続人が負担するのか、あるいは遺産分割協議によってはその負担額（ある相続人の立替額）を相続財産から差し引いて分配する旨の相談が必要になってきます。

解約に必要な書類

- 対象のクレジット会社所定の様式
- クレジットカード
- 当該死亡の記載のある戸籍謄本等
- 手続きを行う相続人の身分証明書等

5．生命保険（死亡保険金）の請求

※手続き時期：死亡した日から3年以内（消滅時効による）

契約者と被保険者が同じか違うかで手続きが異なります。

故人が生命保険の契約をしていた場合、故人が被保険者（保険の対象となる人）であるかないかで、手続きが変わります。

(1) 死亡保険で、「契約者 ＝ 被保険者」の場合

契約者と被保険者が同じ場合です。例えば、夫が「契約者＝被保険者」で死亡したときに妻が「保険金受取人」である場合です。

(2) 死亡保険で、「契約者 ≠ 被保険者」の場合

契約者と被保険者が違う場合です。例えば、夫が「契約者」で死亡したときに、妻が「被保険者」であり、「保険金受取人」が夫である場合です。

【手続き方法】

ステップ1

保険金受取人が、加入している生命保険会社へ連絡します。以下のことを保険会社から確認される可能性があるので答えられるようにします。

【確認事項】

①保険証券番号（契約が複数件ある場合は全件）
②被保険者の名前
③亡くなった原因（病気・事故）
④亡くなった日
⑤受取人の名前と連絡先
⑥亡くなる前の入院・手術の有無

ステップ2

以下のそれぞれの場合について、請求書類など必要書類を記載した書類が届きます。

(1) 死亡保険で、「契約者＝被保険者」の場合

契約者と被保険者が同一で契約者が死亡の場合は、被保険者の死亡をもって保険金が受取人に支払われて保険契約が終了します。ただし、「契約者＝被保険者＝受取人」の場合は、保険金の受取について相続人間での遺産分割協議が必要となります。

必要書類等

①保険金・給付金請求書
②保険証券
③被保険者の住民票
④死亡診断書（死亡が記載されているもの）
⑤受取人の戸籍謄本　※発行日より３カ月以内のものといわれる場合が多い
⑥受取人の印鑑証明書　※発行日より３カ月以内のものといわれる場合が多い
⑦受取人の個人番号（マイナンバー）の申告　※支払金額が１００万円を超える場合

(2) 死亡保険で、「契約者 ≠ 被保険者」の場合

契約者と被保険者が別で契約者が死亡の場合は、被保険者が死亡したわけではないので、契約者の相続人全員の共有財産として保険契約は継続します。この場合は、契約を相続して継続するか、契約を解除するかを相続人で相談して手続きをします。「保険契約者としての地位」が相続財産になりますので、保険契約を継続したい場合、この地位を誰が引き継ぐかという遺産分割協議が必要となります。

必要書類等

①契約者変更届または解約請求書
②保険証券
③契約者の戸籍謄本
④相続人全員の戸籍謄本　※発行日より3カ月以内のものといわれる場合が多い
⑤相続人が複数いる場合は代表者選任届
⑥代表者選任届に押印した相続人の印鑑証明書
※発行日より3カ月以内のものといわれる場合が多い

※必要書類はあくまでも一般的なものです。保険の種類や内容、また生命保険会社によっても必要書類が変わってきますので、上記以外の書類の提出を求められる場合もあります。

ステップ3
保険会社へステップ2で揃えた書類を提出します。

ステップ4
保険会社において届いた書類の内容を確認します。

ステップ5
保険会社より支払いが可能となった場合は、支払い金額などを記載した「支払明細書」が郵送されます。

6．入院給付金の請求

※手続き時期：死亡した日から3年以内（消滅時効による）

入院給付金や手術給付金の受取人である被保険者が、給付金の請求をすることなく亡くなってしまった場合は、被保険者の法定相続人から定めた代表者から請求することができます。

相続人（相続人が複数いる場合は代表者）が請求書類に記入押印し、必要書類を揃えて生命保険会社に提出します。この場合、入院給付金は相続財産となります。なお、「指定代理請求人」などの代理人が指定されている場合は、代理人が請求できることもあります。

【手続き方法】

手続きの流れとしては、前述の生命保険（死亡保険金）の請求と同様です。加入している生命保険会社へ死亡の事実を連絡します。その際、①証券番号、②被保険者の氏名、③入院日なども知らせます。

請求書類などの必要書類を記載した書類が届きますので、記入・押印し、必要書類を揃えて手続きします。

必要書類等
①保険金・給付金請求書
②医師の診断書（入院日、入院日数なども記載されたもの）
③相続人（代表相続人）の本人確認書類

④受取人が被相続人だった場合で相続人が複数人いる場合は、代表者選定届
⑤受取人が被相続人だった場合、故人の戸籍謄本（死亡が記載されているもの）

※必要書類はあくまでも一般的なものです。保険の種類や内容、また生命保険会社によっても必要書類が変わってくるので、上記以外の書類の提出を求められる場合もあります。

7．住宅ローンに関する手続き

住宅ローンを返済中に債務者が亡くなってしまった場合は、**金融機関と相続人との間でローンの承継人を特定の相続人に定める**のが普通です。この決定は、債権者も一緒に話し合って決めることなので有効な決定となります。この決定がされると、**抵当権といった担保の債務者の変更登記**をする必要があります。さらにその前提として、一般的には住宅ローンの債務者は**不動産の名義人でもあるため、その名義を変更する登記**も必要となります。

ただし、住宅ローンを組むにあたり、「団体信用生命保険」に加入している場合が

多いです。まずは借入先の銀行等へ連絡し、加入しているか確認しましょう。その際には、手元にローンの引き落とし先の通帳と死亡届などを用意して電話しましょう。ただし、この電話をもってローン返済口座は凍結されるので、注意が必要です。「団体信用生命保険」に加入していれば、その保険金により住宅ローンの返済に充てられます。「団体信用生命保険」に加入していない場合、または適用されない場合（例えば途中で保険料を納めなくなった場合に失効してしまっているケース）については、住宅を相続する方が、住宅ローン債務を引き継ぎ、返済していくことになります。

ワンポイント

団体信用生命保険とは

団体信用生命保険とは、住宅ローン専用の生命保険のことです。通称「団信（だんしん）」と呼ばれています。団信に加入していれば、住宅ローンの債務者が死亡したときや高度障害状態になったときでも、住宅ローンの残金の分の保険金が金融機関に支払われ、住宅ローンを清算することができます。住宅ローンを組むときは、団信の加入が条件とされていることがほとんどです。

〈団体信用生命保険の保険金の請求（死亡による債務弁済手続き）〉

※手続き時期：死亡した日から3年以内（消滅時効による）

【手続き方法】

ステップ1

住宅ローンを借りている金融機関に連絡します。

ステップ2

保険金請求のために以下の必要書類を準備します。

必要書類等

①団体信用生命保険請求書
②死亡証明書または死亡診断書（加入期間が短い場合には、保険会社指定の様式での提出が必要になることが多い）
③契約者が亡くなったことの記載のある住民票
④振込口座（変更）届（死亡用）

ステップ3　提出書類をもとに生命保険会社が支払いの可否を審査します。

ステップ4　審査を通過すると保険金が支払われ、残債は全額完済となります。

団体信用生命保険の保険金の請求は、書類を提出してから審査に1カ月ほどかかることが多く、債務が完済するまでに2カ月以上かかることもあります。

その間は、住宅ローンの返済を続けていかなくてはならないので、注意が必要です。完済後、亡くなったあとに支払った返済金は返還されます。

また、団体信用生命保険の保険金により債務が完済できた場合は、**担保の抵当権の債務者の変更登記を経ることなく、**抵当権の抹消の手続きをすることになります。

8．自動車の手続き

自動車の名義は、所有者になっている場合と使用者になっている場合があります。

具体的には、自動車検査証（車検証）において所有者なのか使用者なのかを確認します。

なお、所有者となっている場合は、誰も自動車を相続しない場合など廃車や売却を考えているときでも、所有者変更の手続きをしてからになります。

それぞれについて手続きは以下のようになります。

(1) 所有者になっている場合

通常は、相続人が複数いても単独で相続する場合が多いと思いますので、単独で所有する場合とします。

・移転登録（特定の相続人の名義に変更する場合）をする場合
新所有者の住所地を管轄する陸運局で名義変更の手続きをします。

必要書類等
①申請書（第1号様式）※陸運局で入手
②自動車検査証（車検証）

③戸籍謄本または戸籍の全部事項証明書

※死亡の事実及び相続人全員が確認できるもの。なお、氏名等の変更があった場合はそれが確認できるものも必要

④遺産分割協議書　※自動車名義変更用として別に遺産分割協議書を用意する場合が多い

⑤遺産分割協議成立申立書

※相続する自動車の価格が100万円以下の場合は「遺産分割協議書」でなく当様式を使用し新所有者が単独で手続きできる。ただし、相続する自動車の価格が100万円以下であることが確認できる査定証または査定価格を確認できる資料の写しを付けることが必要

⑥相続人全員の印鑑証明書　※発行日より3カ月以内のものといわれる場合が多い

※右記⑤の書類を使用する場合は、相続する方の分のみで構いません。

⑦手数料500円（登録印紙500円貼付）

⑧車庫証明（証明後1カ月以内のもの）

※使用の本拠に変更がなければ不要　※一部不要な地域あり

⑨自動車税・自動車取得税申告書　※自動車税・取得税がかからなくても記入が必要です。

⑩実印

⑪使用の本拠の変更のため管轄が変わる場合やナンバー変更の場合は、陸運局で自動車のナンバープレートの変更が必要

⑵使用者になっている場合

具体的には、自動車ローンがある場合は、所有者が販売店や信販会社などになっている場合が多いです。その場合は、所有者に対して残債があるかどうかを確認します。ローンが残っているときは、その引継ぎと自動車の使用者を決めて、販売店や信販会社に申し出て使用者の変更手続きをすることになります。

ローンが完済されている場合は、⑴所有者になっている場合と同様に移転登録の手続きとなります。その際は、所有権解除という手続きが併せて必要になりますので、事前に所有者である販売店や信販会社などに依頼して必要書類を出してもらいましょう。

・使用者変更手続きをする場合

新使用者の住所地を管轄する陸運局で名義変更の手続きをします。

必要書類

①所有者からの委任状（個人は認印、法人は実印）

②申請書（第１号様式） ※陸運局で入手

《見本》遺産分割協議書（自動車名義変更用）

遺 産 分 割 協 議 書

年　　月　　日 所有者＿＿＿＿＿＿＿＿＿＿の死亡により相続を開始し、相続人全員で遺産分割協議を行った結果、次の自動車を＿＿＿＿＿＿＿＿＿＿が相続することに協議が成立しました。

自動車登録番号	車台番号

年　　月　　日

相　　続　　人

住 所＿＿＿＿＿＿＿＿＿＿　　住 所＿＿＿＿＿＿＿＿＿＿

氏 名＿＿＿＿＿＿＿＿㊞　　氏 名＿＿＿＿＿＿＿＿㊞

住 所＿＿＿＿＿＿＿＿＿＿　　住 所＿＿＿＿＿＿＿＿＿＿

氏 名＿＿＿＿＿＿＿＿㊞　　氏 名＿＿＿＿＿＿＿＿㊞

住 所＿＿＿＿＿＿＿＿＿＿　　住 所＿＿＿＿＿＿＿＿＿＿

氏 名＿＿＿＿＿＿＿＿㊞　　氏 名＿＿＿＿＿＿＿＿㊞

③自動車検査証（車検証）

④新使用者の住所を証する書面

※発行から3カ月以内の住民票または印鑑証明書

⑤手数料350円（登録印紙350円貼付）

⑥車庫証明（証明後1カ月以内のもの）

※⑴所有者になっている場合と同様

⑦自動車税・自動車取得税申告書

※⑴所有者になっている場合と同様

⑧認印

⑨使用の本拠の変更のため管轄が変わる場合やナンバー変更の場合は、陸運局で自動車のナンバープレートの変更が必要

《見本》遺産分割協議成立申立書

遺産分割協議成立申立書

（申請人である相続人が、相続する自動車の価格が100万円以下であることを確認できる査定証又は査定価格を確認できる資料の写し等を添付した場合に限り使用可能）

自動車の表示

登録番号	車台番号

被相続人

氏名	死亡年月日
	年　月　日

遺産分割協議成立年月日	申立書による申請の同意年月日
年　月　日	年　月　日

被相続人の死亡により、被相続人所有の上記自動車について民法の規定に基づき遺産分割協議を行なったところ、私が上記自動車を相続することに協議が成立したので申し立てます。

また、当該移転登録について、本申立書により申請する旨同意を得られたので今回の申請に及びました。

なお、本申立について問題が発生した場合は、私が責任をもって処理し、貴職には一切ご迷惑をかけないことを誓約いたします。

年　月　日

運輸局　　運輸支局長　殿

住所

氏名　　　　　　実印

◆軽自動車の場合

軽自動車の相続手続きは、基本的には普通車の相続手続きと変わりません。ただし、軽自動車の相続手続きには、印鑑証明書は必要ありません。認印さえ用意すれば相続手続きが可能です。

(1) 所有者になっている場合

通常は、相続人が複数いても単独で相続する場合が多いと思いますので、単独で所有する場合とします。

・移転登録（特定の相続人の名義に変更する場合）をする場合

新所有者の住所地を管轄する軽自動車検査協会で名義変更の手続きをします。

必要書類

①**申請書（軽第1号様式または軽専用第1号様式）** ※軽自動車検査協会で入手

②**自動車検査証（車検証）**

③新所有者の住民票　※発行日より３カ月以内のものと言われる場合が多い
④戸籍謄本または戸籍の全部事項証明書
※死亡の事実及び新所有者となる相続人とのつながりが確認できるもの。なお、氏名等の変更があった場合はそれが確認できるものも必要
⑤軽自動車税申告書
⑥認印
⑦車庫届
※軽自動車については登録後の届出となります。全地域ではありませんが、東京23区や大阪市内、東京と大阪の中心から30㎞圏内の市、県庁所在地の市、人口10万人以上の市などでは車庫届が必要となっていますので確認しましょう。　※使用の本拠に変更がなければ不要
⑧使用の本拠の変更のため管轄が変わる場合やナンバー変更の場合は、軽自動車検査協会で自動車のナンバープレートの変更が必要

⑵使用者になっている場合

普通自動車と同様にローンが残っているときは、その引継ぎと自動車の使用者を決めて、販売店や信販会社に申し出て使用者の変更手続きをすることになります。

ローンが完済されている場合は、(1)所有者になっている場合と同様に移転登録の手続きとなります。

・使用者変更手続きをする場合

新使用者の住所地を管轄する軽自動車検査協会で名義変更の手続きをします。

必要書類

①申請依頼書（個人は認印、法人は実印）

②申請書（軽第1号様式または軽専用第1号様式） ※軽自動車検査協会で入手

③自動車検査証（車検証）

④新使用者の住所を証する書面 ※発行から3カ月以内の住民票または印鑑証明書

⑤車庫届 ※(1)所有者になっている場合と同様

⑥使用の本拠の変更のため管轄が変わる場合やナンバー変更の場合は、軽自動車検査協会で自動車のナンバープレートの変更が必要

【関連する手続き】

（1）自動車保険の引継ぎ

特に任意保険の名義変更手続きをしてから自動車に乗るようにしましょう。万が一、名義変更の手続きができていないときに事故を起こした場合を考え、自動車自体の名義変更とともに保険会社への連絡が必要です。

自賠責保険は法律で定められている車両に付帯する保険のため、名義変更をしていなくても保険金はおりますが、万が一、事故があった際には手続きが煩雑になりますので、同時に変更しておきましょう。

もし、車両廃車にする場合でも保険会社へ連絡をし、先払いしている保険料などがあれば、返還してもらうことができます。

（2）自動車税の納付

自動車税は4月1日に車検証に記載されている所有者が1年分の自動車税を支払うことになります。毎年4月下旬頃から5月中旬くらいまでには発送されますので特に名義変更は必要ありません。ただし、前年分をきちんと払っているかは確認した方が良いでしょう。

9．ゴルフ会員権

※手続き時期：できるだけすみやかに

故人がゴルフ会員権を持っていた場合は、相続人が誰もゴルフをやらなくても、故人のままでは売却（換金）できません。名義変更の手続きが必要になります。

ゴルフ場によっては、破綻や買収合併など、会員権記載の会社でなくなっている場合があったり、相続の優遇措置があったり、名義変更の条件が異なったりするので、まずはゴルフ場運営会社に連絡しましょう。

会員権の名義変更には、ゴルフ場の名義変更手数料がかかったり、会員理事会等での承認を経て名義変更となる場合などがあり、手続きが終了するまでに数カ月から1年程度かかることもあります。売却（換金）の場合、ゴルフ場によって解約方法が違うので併せて問い合わせましょう。

過去に破綻処理をしているゴルフ場では、売却（換金）はできず、単に優先的なプレー条件のみが引き継げるにすぎないことがあります。

また売却（換金）できたとしても購入時の価値はなく、とても低い金額になる場合もあります。

名義変更手続きが未了でも何もしないでいると、年会費がかかってしまいます。もし誰が相続するか等で時間がかかるようなら、名義変更手続きの前にいったん休会届けを出し、年会費が発生しないようにすることも考えるべきです。

必要書類

①各名義の申請書（ゴルフ場の所定の用紙）
②権利書（会員資格保証金預かり証書等）
③会員証
④故人の出生から死亡までの戸籍謄本
⑤相続人全員の戸籍謄本
⑥相続人全員の印鑑証明書　※発行後３カ月以内とする場合が多い
⑦遺産分割協議書や遺言　※ある場合
⑧名義書換手数料

10. 公共料金（電気・水道、電話・ガス、NHK等）

※手続き時期：死亡後1カ月を目途に

口座の変更には1カ月から2カ月かかります。

公共料金やクレジットカードの支払い、携帯電話代金など、個人の預金口座には毎月引き落とされる様々な料金があります。これらは、本人の死亡により銀行口座が凍結されると、自動的に引き落とし不能となり、支払いができなくなります。

契約者が死亡した場合は、各公共料金やクレジットカード、携帯電話会社などに、契約者の変更もしくは解約手続きと支払先の変更手続きの申し出をし、手続書類を提出する必要があります。

公共料金の場合など引き落とし口座の変更が完了するまでの間、電気やガスが止まってしまわないかと不安になる方がいますが、料金が引き落とせないときは、コンビニ払い等の請求書がきますのでそちらを利用して支払えば問題ありません。

【手続き方法】

被相続人の通帳から口座引き落としになっている公共料金やクレジットカードは、

毎月請求書・領収書が届いているはずです。それらに連絡先が書いてあるので、契約者が死亡した旨を連絡し、契約者変更の手続書類を取得します。このときに、口座振替先の変更の書類も取得します。

各公共料金等の支払いを一か所の銀行等の口座からの引き落としを希望する場合には、銀行等で１枚の用紙に電気、水道、電話、ガス、ＮＨＫが一括で口座振替先の変更ができる用紙があります。

また銀行等に行けない人などは、メガバンクではメールオーダーサービス（来店しなくても「インターネット／モバイルバンキング」の申込や、公共料金の自動振替の手続きが郵送で簡単にできるサービス）が利用できます。クレジットカード払いに関しては、オンライン上でクレジットカード決済に関する変更等が簡単にできるようになってきています。

ただし、いずれの方法で手続きをしても、口座振替先の変更、カード決済への変更は１カ月から２カ月ほどの期間を要するので、早めに手続きしてください。

◆使用中止手続きの場合

亡くなった人が一人で住んでおり、その後誰も使用する予定がない場合は**使用中止の手続き**をすることになります。

手続きが遅れて**締め日を超えてしまうと基本使用料等が発生する**ので、なるべくすみやかに手続きを行った方がよいでしょう。

公共料金の名義変更については、どの事業者も簡単に手続きできるようになっています。

各事業者に問い合わせをすることがまず最初にやるべきことですが、ネット上で処理が終わるところもあり、書類が必要な場合も窓口まで行かずに、郵送のみで終わることがほとんどです。

必要書類

①各公共料金の領収書
②クレジットカードの支払明細書
③契約者が死亡したことの分かる戸籍等（戸籍謄本等）

④新契約者と契約者の相続関係の分かる戸籍謄本
⑤新契約者の通帳、届出印　※口座引き落としの場合
⑥新契約者のクレジットカード　※クレジットカード利用の場合

11．太陽光発電

太陽光発電は設置する前に経済産業省の認定を受けています。平成29年３月31日までは「設備認定」という名称でしたが、平成29年４月１日からは法改正（改正ＦＩＴ法）に伴い「事業計画認定」と呼ばれています。

認定には、太陽光発電の設置者（所有者）を記載する欄があるため、所有者が変われば名義の変更手続きが必要です。それは相続においても同様です。

主に下記の内容の変更が必要になります。

①設備認定（事業計画認定）
②売電契約

③メーカー保証・パネル
④メーカー保証・パワコン
⑤損害保険
⑥賃貸借契約（借地もしくは屋根貸しの場合）
⑦施工保証
⑧損害保険の継承
⑨メンテナンス契約

この中でも①設備認定（事業計画認定）及び②売電契約は名義変更手続きを確実にしておかないと、太陽光発電事業そのものが成り立たなくなる恐れがあります。

一番重要な①設備認定（事業計画認定）を変更する場合、相続手続きにおいては事後変更届出をすることが必要です。

【手続き方法】

具体的には、「ＪＰＥＡ代行申請センター（略称：ＪＰ－ＡＣ）」にて手続きを行います。直接問い合わせをしても、連絡等がつかない場合があるので、太陽光発電機設備を設置した工事業者に相談するケースが多いようです。

必要書類

①変更届出書

②戸籍謄本または戸籍の全部事項証明書
※死亡の事実及び相続人全員が確認できるもの。なお、氏名等の変更があった場合はそれが確認できるものも必要

③遺産分割協議書　※あった場合

④相続人全員の印鑑証明書　※発行後３カ月以内のもの

売電契約を変更する場合には、電力会社にまず問い合わせましょう。契約の内容等により必要書類が変わってくるかと思いますので、具体的に契約書を用意したうえで相談しましょう。

電力購入料金の振り込み口座変更を希望される場合は、その旨も併せて伝えましょう。

第4章

不動産の手続き

1. 不動産の確認と名義変更手続き

不動産の所有者が死亡したときは相続による名義変更の手続きが必要です。相続による名義変更のことを相続登記といったりします。相続登記は期限がありません。申告期限のある相続税の申告はしたものの、相続登記をやっていなかったという話を耳にすることも珍しくありません。

登記をしないで放っておくと権利関係が複雑化しますので、できるだけすみやかに手続きを行いましょう。

それでは、相続登記の手続きを詳しく見ていきましょう。

相続登記の手続き

(1) 相続人の確定

遺言書がない場合、必ず被相続人の出生から死亡までの戸籍を取得し、相続人が誰であるのか明らかにします。このことを戸籍調査ということもあります。

ワンポイント　相続人の確定

相続人の確定をまず行いましょう。

戸籍を確認せず、思い込みで相続人を判断することは危険です。相続人の一部を除外してなされた遺産分割協議や相続人でない者が参加した遺産分割協議は、無効となることがあります。

必ず戸籍を確認してから、遺産分割協議を行ってください。

(2) 相続財産（不動産）の調査

(1)で取得した戸籍関係書類等を持参して、被相続人所有の不動産所在地の各市区町村の資産税主管課（東京23区の場合は都税事務所）に行って、名寄帳または評価証明書を取得してください。

毎年各市区町村から送られてくる固定資産税の納税通知書・課税明細書に、被相続人所有の不動産の記載はありますが、共有名義の土地の記載が漏れている可能性があります。なぜなら、共有名義の場合、代表者のみに納税通知書が送付され、他の共有者には納税通知書が送付されないからです。

また、被相続人の権利証等から被相続人所有の不動産が明らかになることも考えられます。しかし、未登記家屋については、権利証等には記載されていませんので、被相続人所有の不動産がある各市区町村等の窓口まで行って直接確認する方法をおすすめします。

ワンポイント　必要書類

ただ窓口に行くだけでは、情報を開示してもらえません。必ず亡くなった人と窓口に行く人との関係性が分かる戸籍関係書類を持参してください。

窓口で、相続手続きに使用するために亡くなった人名義の不動産に関する評価証明書が全部欲しい旨を伝えるとスムーズです。

登記事項証明書の取得

名寄帳や評価証明書の取得により、被相続人所有の不動産が明らかになったあと、

登記事項証明書の取得と登記申請の窓口

内　容	窓　口
登記事項証明書の取得	全国どこでも可
登記申請	管轄法務局のみ

法務局で登記事項証明書を取得することをおすすめします。登記事項証明書を取得・確認することは、これから相続する物件の現在の権利関係を確認し、遺産分割協議書に正確な不動産の表示を記載するうえで有益です。

現在、登記事務のコンピューター化が進み、全国どこの法務局でも登記事項証明書の取得がほぼ可能な状況となりました。例えば、仙台の法務局で高知県の不動産の登記事項証明書を取得することが可能です。

また、登記情報提供サービスを利用すれば、自宅のパソコンで登記事項証明書の内容を確認することができるようになりました。

(3) 不動産の相続方法の決定（遺産分割協議）

相続人が誰であるのか確定させ、被相続人所有の不動産が明らかになったあと、どの不動産を誰が引き継ぐかについて、相続人全員で話し合いましょう。引き継ぐ相続人が決まったら遺産分割協議書を作成し、相続人全員が実印を捺印することになります。

遺産分割協議というからには、必ず、どこかに集まって話し合いをしなければならないと感じる人もいるかもしれません。しかし実際は、必ずしもそうではありません。最終的に遺産分割協議書を作成し、相続人全員の実印の捺印が揃えば、協議の方式までは問われることはありません。

(4) 登記申請

相続登記の窓口は、相続する物件の所在地を管轄する法務局です。法務局には管轄があり、例えば茨城県水戸市の物件の名義変更は水戸地方法務局に申請します。

手続きにあたって、まずは物件の管轄を調べましょう。

管轄は、法務局のホームページで確認することができます。法務局に電話で確認することも可能です。

登記申請書を作成し、添付書類と一緒に、管轄の法務局に提出します。添付書類とは、遺産分割協議書、相続人全員の印鑑証明書、被相続人の出生から死亡までの戸籍

相続による所有権移転登記申請の方法

提出先（窓口）	不動産の所在地を管轄する法務局
提出できる人	相続人、相続人から委任を受けた司法書士等
必要なもの	登記申請書、遺産分割協議書、相続人全員の印鑑証明書、被相続人の出生から死亡までの戸籍除籍原戸籍等、被相続人の戸籍の附票等、相続人全員の戸籍謄本、相続する人の住民票の写し、固定資産評価証明書等の添付書類
費　用 （登録免許税）	固定資産の評価額の0.4％ ただし、相続人以外の人が、遺言（遺贈）により取得する場合は、2％

除籍原戸籍等、被相続人の戸籍の附票等、相続人全員の戸籍謄本、相続する人の住民票の写し、固定資産評価証明書などです。

遺言書がある場合は、添付書類の内容が少し異なります。

(5) 登記完了

登記が完了すると、登記名義人となった相続人に対して、名義人ごと、不動産ごとに登記識別情報が発行されます。登記識別情報を、以後権利証として使用することになります。

遺産分割協議書の記載例（抜粋）

一　相続財産のうち、下記の不動産は、甲野一郎が相続する。

不動産の表示

所　在	○○市○○町一丁目
地　番	10番
地　目	宅地
地　積	123.45㎡

※法務局で登記事項証明書を取得して、登記事項証明書記載のとおり記入すると間違いがありません。

遺産分割協議による場合の添付書類

(1) 遺産分割協議書と印鑑証明書

相続人全員の協議により、ある相続人が不動産を引き継ぐ場合など法定相続分と異なる割合で相続する場合には、遺産分割協議書を作成する必要があります。

遺産分割協議書には誰がどの不動産を相続するのか明確に特定できるように記載することが重要です。例えば、「土地三筆」のような概括的な書き方では物件が特定できませんので、登記できない可能性があります。登記事項証明書記載のとおり、所在・地番等を書くよう注意してください。

遺産分割協議書ができあがったあと、相

続人全員で署名し、実印を捺印します。法務局に提出する際は、相続人全員の印鑑証明書も併せて添付する必要があります。

なお、相続登記に添付する印鑑証明書については、有効期限がありません。一方で、印鑑証明書を金融機関に提出する場合は、3カ月や6カ月といった有効期限が設けられている場合がありますので、注意が必要です。

（2）戸籍謄本等

被相続人関係書類（亡くなった人）

①戸籍除籍原戸籍等（被相続人の出生から死亡までの戸籍関係書類一式）

窓口で相続に使用するため、亡くなった人の戸籍が全部欲しい旨を伝えてください。取得後、「これで全部揃っていますか？」と窓口担当者に聞いてもらうと、他の市区町村に転籍している場合等足りない部分について教えてくれることがあります。したがって、その場で戸籍が全部揃っているか質問してみることを強くおすすめします。

②被相続人の戸籍の附票（または住民票除票）

被相続人の最後の住所を確認するために必要です。戸籍の附票は本籍地で、住民票除票は住所地で取得します。

例えば、登記簿上の住所（A市）と被相続人の最後の住所（B市）が異なる場合は、A市からB市に住所を移転したことを戸籍の附票等の公的な書類で証明しなければなりません。

住民票除票の場合は、前住所までしか載らないことが多いようです。これに対して、戸籍の附票の場合は、住所移転の履歴を確認しやすいため、何回か住所を移転している場合は、戸籍の附票を取りましょう。

各相続人関係書類（遺産分割協議をする相続人全員）

①戸籍謄本

②印鑑証明書

③（相続する人のみ）住民票の写し

不動産の所有者となる相続人は登記簿に住所と氏名が記録されますので、相続する人のみ、正確な住所と氏名を証する住民票の写しを添付します。住民票は、相続する人のみ記載のある住民票抄本で構いません。

（３）不動産の評価証明書（または固定資産税の納税通知書・課税明細書）

登録免許税の算出のため、登記申請年度の固定資産評価証明書（または固定資産税納税通知書・課税明細書）が必要です。毎年４月１日に新年度の評価証明書が発行されます。登記申請が４月１日以降になる場合は、必ず最新年度の評価証明書を取得しましょう。

固定資産評価証明書は、市区町村役場（東京23区の場合は都税事務所）にて取得可能です。その際、除籍や原戸籍等、被相続人と窓口に行く相続人との関係が分かる戸籍関係書類を必ず持参してください。

法務局によっては、毎年４～５月頃送られてくる固定資産税の納税通知書・課税明細書等の書類で手続きが可能な場合があります。事前に管轄法務局に確認してください。

（４）相続関係説明図

相続登記の際、戸籍・除籍・改製原戸籍等の戸籍関係書類を添付して登記申請する場合、相続関係説明図を作成し、戸籍関係書類と一緒に提出することで、戸籍関係書類の原本を返してもらうことができます。

原本還付の方法

戸籍関係書類 （戸籍・除籍・原戸籍）	相続関係説明図を添付すれば 原本を返してもらえる。
住民票除票 戸籍の附票 遺産分割協議書 印鑑証明書等	原本のコピーを添付すれば 原本を返してもらえる。

ワンポイント

原本還付とは

必ず、原本還付の手続きを！

原本還付とは、原本を返してもらうことです。原本を返してほしいときは、窓口で「原本還付でお願いします」といいましょう。

遺産分割協議書や印鑑証明書等の戸籍以外の書類については、相続関係説明図を提出しても、当然には返してもらえません。戸籍以外の書類について、原本の返却を希望する場合、別途コピーを添付し、原本還付の手続きが必要となりますので注意しましょう。

戸籍以外の書類についての原本還付の手続きは、必要となる書類のコピーを作成し、そのコピーに「原本に相違ありません」と記載のうえ、申請書に押印した人がそのコピーに署名（記名）押印し、申請書に添付して、原本と一緒に法務局に提出します。

原本還付を希望する書類が２枚以上になるときは、各用紙のつづり目ごとに契印（割印）したものを申請書に添付して、原本と一緒に提出してください。

遺産分割協議による場合の必要書類等

①遺産分割協議書
②相続人全員の印鑑証明書
③被相続人の出生から死亡までの戸籍関係書類
④被相続人の戸籍の附票（または住民票除票）
⑤相続人全員の戸籍謄本
⑥不動産を相続する人の住民票の写し
⑦不動産の評価証明書等
⑧相続関係説明図

遺言による場合の添付書類

(1) 検認済遺言書または公正証書遺言など

自筆証書遺言が発見された場合、家庭裁判所での検認を受けてください(→第2章)。

検認とは、相続人に対し遺言の存在及びその内容を知らせるとともに、遺言書の形状、加除訂正の状態、日付、署名など検認の日現在における遺言書の内容を明確にして遺言書の偽造・変造を防止するための手続きです。遺言の有効・無効を判断する手続きではありません。

公正証書遺言とは、公証役場で公証人に作成してもらう遺言書です。特徴は、検認の手続きが不要であるという点です。費用は少しかかりますが、あとあとのことを考え、公正証書遺言を作成する人が年々増加しています。

公正証書遺言の年間作成件数は、平成28年に10万件を超え、平成29年は、11万件を突破しました。

(2) 戸籍謄本等

①被相続人の死亡の記載のある戸籍謄本または除籍謄本

遺言書がある場合、法務局に提出する被相続人の戸籍関係書類は、死亡の記載のある戸籍謄本または除籍謄本のみで足ります。

②被相続人の戸籍の附票（または住民票除票）

③不動産を取得する人の戸籍謄本

不動産を取得する人が法定相続人の場合、戸籍謄本を添付します。それ以外の第三者の場合は、戸籍謄本は不要です。

（3）不動産を取得する人の住民票の写し

（4）不動産の評価証明書等

遺言書がある場合の必要書類等

①検認済遺言書または公正証書遺言
②被相続人の死亡の記載のある戸籍謄本または除籍謄本
③（不動産を取得する人が相続人の場合）不動産を取得する人の戸籍謄本
④不動産を取得する人の住民票の写し
⑤不動産の評価証明書等

相続登記手続きの流れ（まとめ）

(1) 必要書類の収集・準備、申請書の作成

原則として、遺言書がある場合は遺言書の内容に従い、ない場合は遺産分割協議書を作成します。それらの書類に基づき、登記申請を行うことになります。

(2) 登記申請

相続する物件所在地を管轄する法務局が窓口となります。主な申請方法は、窓口に持参する方法か、郵送による方法です。登記する際に納める登録免許税は収入印紙を申請書に貼付して納める方法が一般的です。

万が一、申請した内容や添付書類に不備等がある場合は、法務局から連絡が入りますので、申請書に携帯電話の番号等連絡先を必ず記載しておきましょう。法務局から連絡があった際は、法務局の指示に従い、不備等を訂正・修正するか、または取下げの対応をしてください。

また、申請書の内容に不備があった場合に、捨印があると訂正できる場合があります。申請書の余白に必ず捨印を押しておきましょう。

（3）登記完了

登記申請後、１週間から10日程度で登記が完了します。登記が完了すると、不動産ごと・申請人ごとに登記識別情報通知が発行されます。登記識別情報は、権利証に代わる書面として、平成17年以降導入されました。

登記識別情報が導入されたとはいえ、これまでの権利証も引続き有効です。すなわち、新たに名義変更の手続きをした場合に、新しい所有者に、権利証ではなく、登記識別情報が発行されるようになったということです。

登記識別情報通知とは、アラビア数字その他の符号の組合せにより、不動産及び登記名義人となった申請人ごとに定められる12桁の符号です。12桁の符号が見えないよう、折込まれた状態で登記識別情報通知が交付されます。開封すると情報が漏れる恐れがありますので、くれぐれも必要のない限り開封しないようにしてください。以前は、符号部分にシールが貼られた状態で登記識別情報が交付されていましたが、シールが剥がれない等のトラブルがあり、現在は折込み方式になりました。

登記識別情報といわれてもピンとこないかもしれませんが、その価値はこれまでの権利証と同じものです。これまでの権利証だったものが、12桁のパスワードになったと考えると分かりやすいかもしれません。

登記識別情報を紛失してしまうと、再発行ができません。金庫などに入れて、大切に保管してください。紛失してしまった場合は、悪用される恐れがあります。その場合は、近くの法務局または司法書士に相談しましょう。

2．固定資産税相続人代表者指定届

一時的に固定資産税を支払う相続人を決定したときに提出します。

不動産の所有者が死亡すると、各市区町村から遺族宛に「固定資産税代表者指定届」が送られてきます。

被相続人から相続人への名義変更手続き（いわゆる相続登記）が完了すると、各市区町村は新たな所有者である相続人に、固定資産税の納税通知書を送ることができますが、相続登記が完了するまでの間、誰が固定資産税を支払うのか決めてくださいという趣旨で、相続人に対し、固定資産税代表者指定届を送付します。遺産分割協議や相続登記が完了するまで、時間がかかりそうな場合、相続人代表者指定届を提出しておきましょう。

なお、この届出は固定資産税・都市計画税の書類送付先を定めるものであり、この届出を出したからといって権利関係が確定するものではありません。

手続き方法

納税することになった代表相続人が、各市区町村所定の書式に署名・捺印をして提出します。市区町村によっては、他の相続人全員分の署名・捺印を求める場合もあるようです。

3．未登記家屋の相続手続き

登記されていない建物を相続する人が決まったときに提出します。

登記されていない建物を未登記家屋といいます。亡くなった人が所有していた家屋が未登記家屋であった場合は、所有者を変更する手続きが必要です。家屋といってもその種類は、物置・倉庫・浴室・乾燥場等多岐にわたります。この場合の手続きの窓口は、各市区町村の資産税主管課（東京23区の場合は、都税事務所）といった税金にかかわる部署になります。

未登記であっても、固定資産税の課税台帳には建物所有者名が記載され、固定資産税が課税されていることがほとんどです。

毎年各市区町村から送られてくる固定資産税の納税通知書・課税明細書に、建物の記載がある場合であっても、家屋番号という部分が空欄の場合、未登記家屋である可能性が高いです。なぜなら、登記されている建物については、登記する際に家屋番号という番号がつけられるからです。本来、建物を新築した際は必ず登記しなければなりません。もっとも、建物建築後に登記せずそのままになっている場合は、新たに建物を登記する際の費用や手間がかかります。そのため、相続の機会に未登記家屋を登記するということは、あまり行われていないようです。

重要なことは、未登記家屋であっても相続財産であるということです。相続財産である以上は、遺産分割協議書に記載して相続する人を決めなければなりません。

未登記家屋の場合、登記事項証明書はありません。その場合、評価証明書や納税通知書・課税証明書の記載を参考に、遺産分割協議書に未登記家屋を記載してください。

手続き方法

各市区町村によって申請書の書式に若干の違いがあるようですが、必要書類はほぼ同じです。

まずは、未登記家屋のある各市区町村等のホームページまたは窓口で、申請書や必要書類を確認してください。自治体によっては、申請書がダウンロードできる場合もあります。「未登記家屋の所有者変更届」と併せて、以下の書類の提出を求められることが多いようです。

必要書類等

①未登記家屋の所有者変更届（各市区町村独自の書式）
（相続する人の実印の捺印を求められることが多いようです）

以下は、相続登記の際、法務局に提出するものと同じです。

②遺産分割協議書、遺言書などの相続を証明する書類（遺産分割等がない場合は、法定相続人の合意書や同意書が必要になることがあるようです）

③被相続人の出生から死亡までの戸籍関係書類一式
④相続人全員の戸籍謄本
⑤相続人全員の印鑑証明書

ワンポイント

未登記家屋の名義変更

未登記家屋であっても相続財産であるため、名義変更手続きが必要です。必要書類は相続登記に使用するものとほぼ同じです。

相続登記完了後の書類を持って、各市区町村の資産税主管課（東京23区の場合は都税事務所）に行くことで、未登記家屋の名義変更手続きをスムーズに行うことが可能です。

4．借地・借家・賃貸住宅の相続手続き

賃貸借契約は賃料が発生する貸し借りのことを、使用貸借契約は賃料が発生しない

貸主・借主死亡の相続関係

契約の種類	貸主死亡	借主死亡
賃貸借契約	相　続	相　続
使用貸借契約	相　続	終　了

貸し借りのことをいいます。

賃貸借契約の賃貸人もしくは賃借人が死亡した場合、使用貸借契約の貸主もしくは借主が死亡した場合、それぞれの相続関係は表のとおりとなります。

使用貸借契約の場合には、借主の死亡により契約が終了することになる点に注意が必要です。

例えば、親戚のおじさんが個人で建設業を営む甥っ子に、資材置場として自分の土地を無償で貸していたところ、甥っ子が死亡したような場合、本件土地の使用貸借契約は一旦終了します。借主死亡後も、使用貸借契約の継続を希望する場合、貸主と再契約をした方がよいでしょう。

また、賃借住宅の入居者（契約者）が死亡したときは、相続人がその権利を承継します。まずは、家主や不動産管理会社に入居者死亡の連絡をして、家族が入居を続けるのか、退去するのか打合せを行ってください。

ただし、市営住宅等の契約の承継については、当然に、相続の対象にはなりません。もっとも、収入状況や1年以上の同居の期間等、承継できる場合の要件がありますので、契約者が死亡した場合は、すみやかに担当窓口に連絡・確認するようにしてください。

ワンポイント

相続放棄をする前の注意点

相続放棄を行う予定の場合、遺品の処分は行わない！

賃借住宅の入居者（契約者）が亡くなった場合、相続人が、貸主から家財道具等の遺品の搬出や処分を求められる場合があります。

これから相続放棄を行う予定の場合、被相続人の遺品等を処分すると、相続を承認したとみなされ、相続放棄ができなくなる恐れがあります。そのため被相続人の遺品について、他の相続人もしくは相続財産管理人に引渡しができるまで、自分の財産とは分けて保管する等の処置が必要となる場合があります。

相続放棄を検討中の相続人は、司法書士や弁護士に相談したうえで、慎重に手続きを行ってください。

5. 建物滅失登記の手続き

窓口は法務局、頼むなら土地家屋調査士。

登記されている建物を取り壊した場合は、建物の「滅失登記」を法務局に申請しなければなりません。

建物を取り壊したあと、土地を売却する場合や、すでに建物が存在しないにもかかわらず、建物の登記のみが残ってしまっている場合は、建物の滅失登記を申請した方がよいでしょう。滅失登記とは、建物の登記簿を閉鎖する手続きのことをいいます。滅失登記をしないで放置しておくと権利関係が複雑化しますので、建物解体後、すぐに行いましょう。

手続き方法

建物を取り壊した場合、解体業者から建物取壊証明書の発行を受けてください。建物取壊証明書を添付して、法務局に建物の滅失登記を申請することになります。

例えば、建物取り壊し後、年月が経過し、当時依頼した解体業者が分からない場合は、滅失登記の手続きを土地家屋調査士に依頼した方が安心でしょう。

未登記家屋を解体した場合

解体後も課税されるようなことがないよう、各市区町村の資産税主管課といった税金にかかわる部署に確認し、家屋滅失届等所定の書類を作成・提出しましょう。

ワンポイント

土地家屋調査士の業務

土地家屋調査士とは、登記簿の表題部を担当する専門家です。

表題部とは、建物でいうと、所在地・家屋番号・種類・構造・床面積が記録されている部分です。新築・増築・解体等を行うときに表題部の登記が必要になります。

土地でいうと、所在・地番・地積・地目等が表題部の部分に記録されています。次項で説明する分筆の登記も、地番や地積が変わることが多いため、表題部の登記として土地家屋調査士が行います。

同じく法務局を窓口に活躍する司法書士は、甲区・乙区といった権利部を担当します。権利部とは、甲区と乙区からなり、甲区には誰が所有者であるか等の情報（所有権）が記載され、乙区には抵当権等の権利が記載されます。

6．分筆登記の手続き

分筆登記にあたっては、順番に気をつけましょう。

分筆とは、1筆の土地を複数に分けることをいいます。

例えば、相続人のAさんとBさんが1筆の土地を2筆に分筆して、各々の土地を相続したい場合は、以下の2つの手順のどちらがよいでしょうか？

ア．1筆の土地を相続してから2筆に分筆する方法
イ．1筆の土地を2筆に分筆してから相続する方法

ア．の場合、①相続（A・B共有名義）、②分筆、③持分移転（A持分をBに移転、B持分をAに移転）の3種類の登記が必要となります。
イ．の場合、①分筆、②相続の2種類の登記で済みます。

どのように土地を分筆するか相続人間で決まっている場合は、分筆してから、相続

した方がよいでしょう。

分筆を行うためには、原則としてすべての隣接地（道路・水路を含む）との境界立会いまたは確認が必要です。

また、境界杭がなかったり、移動していたり、境界が不明確な場合には境界復元測量が必要となり、それに応じて測量費用も大きく変わることがあります。

測量に関してはきわめて専門的な知識や技術が要求されますので、まずは、土地家屋調査士に相談するようにしてください。

測量費用に関しては、境界杭の状況によっては高額になる場合がありますので、土地家屋調査士に相談する際は、一度現地を見てもらったうえで、事前に見積りを依頼することをおすすめします。

ワンポイント　分筆にかかる期間

相続税の申告が必要となるケースでは分筆を急ぎましょう。

というのも、分筆の手続きは、早くて3週間、事案によっては2～3カ月かかる場合があるといわれているからです。

例えば、隣接地所有者が多い場合や国交省管轄の国道に隣接している場合、不在地主で連絡がとれない場合、または隣接地所有者が相続登記を行っていない場合等、事案によっては、さらに時間がかかることも珍しくありません。

相続税の申告が必要な場合は、申告期限がありますので、土地を分筆して、相続する予定の場合、相続税の申告に間に合うよう分筆の手続きを先行して進めた方がよいでしょう。申告期限については、次章以降で詳しく見ていきましょう。

7. 抵当権抹消登記手続き

住宅ローンを利用する場合、土地・建物に抵当権を設定することがほとんどです。抵当権を設定することを、担保にいれるということもあります。

抵当権を設定すると、土地・建物の登記簿の権利部乙区に、金融機関の抵当権設定の登記が行われます。住宅ローンを完済した場合は、この抵当権の登記を消すことができます。登記簿から抵当権の登記を消滅させる手続きを「抵当権抹消登記」といいます。

抵当権設定のときは、金融機関が司法書士を手配しますが、抵当権抹消のときは、利用者の方で司法書士に依頼することが多いようです。そのため、金融機関から抵当権抹消書類をもらったものの、司法書士に依頼せず、抵当権の登記がそのままになっていることも多々あります。

抹消せずそのままにしておくと、権利関係が複雑化する恐れがありますので、注意してください。

手続き方法

住宅ローン等の金融機関からの借入金を全額返済した際に、金融機関から、抵当権解除証書等の書類が返却されます。抵当権抹消の登記申請書を作成し、解除証書等の必要書類と一緒に、管轄の法務局に提出します。

相続の場合は相続登記と同時に抵当権抹消登記を行うことが多いようです。

必要書類等

①抵当権解除証書（金融機関が発行）

②抵当権を設定したときの登記済権利証または登記識別情報
③金融機関の委任状

第5章

相続税の基礎知識

1．相続税の仕組み

(1) 相続税の申告が必要な人

相続税は、個人が被相続人の相続などによって財産を取得した場合に、その取得した財産に課せられる税金ですが、相続したすべての人に課税されるものではありません。

相続税の申告が必要な人は**相続税が課される財産の価額の合計額から相続財産の価額から控除できる債務と葬式費用の合計額**を差し引いた金額（**課税価格の合計額**）が、**遺産にかかる基礎控除額**を超える場合、その財産を取得した人が対象となります。

遺産にかかる基礎控除額＝３０００万円＋（６００万円×**法定相続人の数**※）

※なお**法定相続人の数**は、相続人のうちに相続の放棄をした人があっても、その放棄がなかったものとした場合の相続人の数をいいます。

養子がいた場合には、実子がいるときは一人（実子がいない場合は二人）まで法定相続人の数に含めることが出来ます。

(2) 相続税の計算

相続税の計算は具体的に次のステップで行います。具体例を参考に計算してみましょう。

〔例〕
課税価格の合計額：１億４８００万円
法定相続人：配偶者、子２人（実子）
相続財産の取得価格：配偶者　１億３６０万円
子①　２２２０万円
子②　２２２０万円

①課税遺産総額の算定
課税価格の合計額 − 基礎控除額 ＝ 課税遺産総額
１億４８００万円 −（３０００万円＋６００万円×３人）＝１億円

②課税遺産総額を法定相続分で按分
配偶者法定相続分１／２＝５０００万円
子①の法定相続分１／２×１／２＝２５００万円

【相続税の税率】

各相続人の取得金額		税率 － 控除額
	1,000万円以下	10%
1,000万円超	3,000万円以下	15% － 50万円
3,000万円超	5,000万円以下	20% － 200万円
5,000万円超	1億円以下	30% － 700万円
1億円超	2億円以下	40% － 1,700万円
2億円超	3億円以下	45% － 2,700万円
3億円超	6億円以下	50% － 4,200万円
6億円超		55% － 7,200万円

子②の法定相続分1／2×1／2＝2500万円

③法定相続分に応じた税額の計算をし相続税の総額を算定

配偶者：5000万円×0・2－200万円＝800万円

子①：2500万円×0・15－50万円＝325万円

子②：2500万円×0・15－50万円＝325万円

相続税の総額＝1450万円

④実際の相続割合で按分

配偶者：1450万円×1億3600万円／1億4800万円＝1015万円

【計算のイメージ】

<table>
<tr><th colspan="2">資　産</th><th colspan="2">債務・純資産</th><th></th></tr>
<tr><td>現預金</td><td>相続時の額</td><td rowspan="4">債　務</td><td rowspan="4">相続時の額</td><td rowspan="6"></td></tr>
<tr><td>土　地</td><td rowspan="2">時価に基づく評価額</td></tr>
<tr><td>建　物</td></tr>
<tr><td>株式等</td><td>会社の財務状況に基づく評価額</td></tr>
<tr><td>生命保険</td><td rowspan="2">受取金額－（500万円×法定相続人の数）</td><td>葬儀費用</td><td></td></tr>
<tr><td>死亡退職金</td><td>基礎控除</td><td>600万円×法定相続人の数</td></tr>
<tr><td>その他</td><td>時価に基づく評価額</td><td rowspan="3">差引課税遺産総額</td><td>各法定相続人の取得金額</td><td>×相続税率</td></tr>
<tr><td>相続開始前3年以内の贈与財産</td><td rowspan="2">贈与時の評価額</td><td></td><td>×相続税率</td></tr>
<tr><td>相続時精算課税財産</td><td></td><td>×相続税率</td></tr>
</table>

子①：1450万円×2220万円／1億4800万円＝217・5万円
子②：1450万円×2220万円／1億4800万円＝217・5万円

⑤按分した税額から各種の税額控除の額を差し引いたあとの金額

配偶者：0円（配偶者の税額軽減を適用）
　子①：217・5万円
　子②：217・5万円
実際に納付する相続税の合計　435万円

(3) 相続税の申告期限

相続税の申告が必要な人は、**相続開始日**の翌日から**10カ月以内**に、被相続人の住所地を所轄する税務署に相続税の申告書を提出しなければなりません。

また、納付税額がある場合には同様の期限までに納税をする必要があります。

もし、申告書の提出が提出期限に間に合わなかった場合や申告内容に誤りがあった場合、次のようなペナルティが科せられることがありますので注意が必要です。

申告期限に提出が間に合わなかった場合　**↓無申告加算税**

申告期限内に納税が間に合わなかった場合　↓延滞税
上記の2つとも間に合わなかった場合　↓無申告加算税、延滞税の両方
税務調査等で財産の漏れ等が判明し、修正申告をした場合　↓過少申告加算税
その他財産隠しや証憑等の偽装、偽造が判明した場合　↓重加算税

(4) 相続開始日

相続開始日については「**相続の開始があったことを知った日**」とされております。一般的には**被相続人の死亡した日**で問題ありませんが、死亡日を特定できない事情がある場合は注意が必要です。

例えば、高齢者の一人暮らしの場合などで、遺体の発見が遅れた場合、戸籍の死亡日は左記のような範囲のある記載になりますが、この場合、相続開始日については実務上、民法の規定を準用し左記のとおりとして差し支えありません。

【死亡日の記載例】
令和元年５月10日から５月20日の間
↓相続開始日：令和元年５月20日

令和元年6月

↓相続開始日：令和元年6月30日

令和元年

↓相続開始日：令和元年12月31日

また、行方不明者など一定期間※生死が明らかでない場合、家庭裁判所が申立てに基づき、**失踪宣告**することで法律上死亡したものとみなす制度があります。

※通常7年、大規模災害等の場合1年

この失踪宣告による相続は、**家庭裁判所による審判が確定したことを相続人が知った日**が「相続の開始があったことを知った日」になります。

その他にも胎児が相続人の場合などは、民法の規定上、相続についてはすでに生まれたものとみなされるため、生まれる前であっても相続人としての資格を有します。

この場合、「相続の開始があったことを知った日」は、**法定代理人が出生を知った日**になります。

このように相続開始日は必ずしも死亡日になるわけではありませんので、注意が必要です。

2. 相続税の対象となる財産と非課税限度額

相続税の課税対象となる財産については次のとおりとなります。

(1) 被相続人が亡くなった時点において所有していた財産

①土地、建物等の不動産
②株式や公社債などの有価証券
③預貯金、現金
④金銭に見積もることができるすべての財産

また国内財産の他に海外に所有する財産も相続税の課税対象となります。なお、家族の名義となっている財産（預貯金等）であっても、実質的に被相続人の財産と認められるものなども相続税の課税対象となります。

(2) みなし相続財産

被相続人の死亡に伴い支払われる**生命保険金や退職金**などは、民法上は受取人固有の財産とされるものであっても、相続などによって取得したものとみなされます。これらを**みなし相続財産**といい、相続税の課税対象となります。

ただし、生命保険金や退職金のうち、一定の金額までは非課税となります。これを**非課税限度額**といいます。

非課税限度額は、生命保険金及び退職金の区分ごとに、次の算式によって計算した金額になります。

500万円×法定相続人の数×その相続人の取得した保険金等の合計額／相続人全員の取得した保険金等の合計額

(3) 被相続人から取得した相続時精算課税適用財産

被相続人から生前に贈与を受け、贈与税の申告の際に**相続時精算課税**を適用していた場合、その財産は相続税の課税対象となります。この場合、相続開始のときの価額ではなく、贈与のときの価額を相続税の課税価格に加算することになりますので、ご注意ください。

(4) 被相続人から相続開始前3年以内に取得した暦年課税適用財産

被相続人から相続などによって財産を取得した人が、**被相続人が亡くなる前３年以内**に被相続人から贈与を受けた財産は、相続税の課税対象となります。この場合も相続開始のときの価額ではなく、贈与のときの価額を相続税の課税価格に加算することになります。

３．相続財産の価額から控除できる債務や葬式費用

相続税を計算するときは、被相続人が残した借入金・未払金などの債務を遺産総額※から控除することができます。

※相続時精算課税の適用を受ける贈与財産がある場合には、その価額を加算します。

(1) 債　務

①遺産総額から控除できる債務

債務は、被相続人が死亡したときにあった債務で確実と認められるもののみ控除す

ることができます。

控除できる債務については、具体的には以下に該当するものになります。

イ　借入金

例：金融機関以外にも個人間での借入金も含まれます。

ロ　公租・公課※

生前に賦課決定された住民税、自動車税、固定資産税等の未払分の他、準確定申告によって確定した所得税など

ハ　未払金・買掛金

水道光熱費、電話料金等の公共料金の他、未払医療費、事業取引上の未払債務等

ニ　不動産所得がある場合などの預かり敷金

ホ　連帯債務における負担分

※相続人などの責任に基づく延滞税や加算税などは遺産総額から控除することはできません。

②遺産総額から控除することができない債務

控除することができない債務については、具体的には以下に該当するものになります。

イ　非課税財産の購入等に伴う未払金
　例：墓石、仏壇の購入費用の残金など
ロ　団体信用生命保険で補填される住宅ローン
ハ　保証債務

(2) 葬式費用

①控除できる葬式費用

葬式費用は本来、遺族が負担すべき費用のため、債務ではありませんが、必然的に生ずる費用であり、一般的に相続財産から支払われることが多くなります。そのため、相続税を計算するときは遺産総額から控除することができます。

控除できる葬式費用については、具体的には以下に該当するものになります。

イ　葬式や葬送にかかった費用
　例：火葬、埋葬、納骨費用
ロ　遺体や遺骨の回送にかかった費用
ハ　葬式の前後に生じた費用で通常葬式にかかせない費用

例：通夜などにかかった費用

ニ　葬式の際に寺などに対して支払った、読経料や戒名代

ホ　死体の捜索または死体や遺骨の運搬にかかった費用

その他地域の慣習等によりお手伝いしてもらった人へ謝金の支払いをする場合も考えられますが、社会通念上相当と認められる範囲の金額であれば、控除できます。

②債務控除できない葬式費用

次の費用については葬式費用として債務控除することはできません。

イ　香典返礼品の購入費用

注：参列者等から受け取った香典は非課税財産になります。

ロ　墓石や墓地の購入費用や墓地の借入料

注：被相続人が生前に購入していたものは非課税財産となります。

ハ　初七日や法事などのためにかかった費用

注：初七日を告別式と同時に実施していた場合で、代金が区別されない場合は、葬式費用として控除できます。

(3) 債務や葬式費用を遺産総額から控除することができる人

債務などを控除することのできる人は、次の①または②に掲げる人で、その債務などを負担することになる相続人や包括受遺者※です。

①相続や遺贈で財産を取得したときに継続して日本国内に住所がある人

②相続や遺贈で財産を取得したときに日本国内に住所がない人で、次のいずれかに当てはまる人

イ　日本国籍を有しており、かつ、その人が相続開始前10年以内に日本国内に住所を有していたことがある人

ロ　日本国籍を有しており、かつ、相続開始前10年以内に日本国内に住所を有していたことがない人

ハ　日本国籍を有していない人

※包括受遺者とは、遺言により遺産の全部または遺産の全体に対する割合で財産を与えられた人のことをいい、この場合、相続時精算課税の適用を受ける贈与により財産をもらった人も含まれます。

4．生前贈与財産があるときの注意点

相続などにより財産を取得した人が、**被相続人からその相続開始前3年以内**（死亡の日から遡って3年前の日から死亡の日までの間）に贈与を受けた財産があるときには、その人の相続税の課税価格に贈与を受けた財産の**贈与のときの価額**を加算します。また、その加算された財産の価額に対応する**贈与税の額**は、加算された人の**相続税の計算上控除**されることになります。

加算される価額の基になる贈与財産の範囲と控除する贈与税額は次のとおりです。

※被相続人から相続や遺贈により、租税特別措置法第70条の2の3（直系尊属から結婚・子育て資金の一括贈与を受けた場合の贈与税の非課税）第10項第2号に規定する管理残額以外の財産を取得しなかった人（相続時精算課税にかかる贈与によって財産を取得している人を除きます）については、相続開始前3年以内に被相続人から暦年課税にかかる贈与によって取得した財産であっても、その価額は相続税の課税価格に加算されません。

(1) 加算する贈与財産の範囲

被相続人から生前に贈与された財産のうち**相続開始前3年以内に贈与されたもので、**

贈与時に贈与税がかかっていたかどうかは関係ありません。

したがって、基礎控除額（１１０万円以下）の贈与財産や死亡した年に贈与されている財産の価額も加算することになりますので注意が必要です。

(2) 加算しない贈与財産の範囲

被相続人から生前に贈与された財産であっても、次の財産については加算する必要はありません。

①贈与税の配偶者控除の特例を受けた財産のうち、その配偶者控除額に相当する金額（最高２０００万円まで）
②直系尊属から贈与を受けた住宅取得等資金のうち、非課税の適用を受けた金額（契約締結時と住宅の内容に応じて７００万円から３０００万円まで）
③直系尊属から一括贈与を受けた教育資金のうち、非課税の適用を受けた金額（最高１５００万円まで）
④直系尊属から一括贈与を受けた結婚・子育て資金のうち、非課税の適用を受けた金額（最高１０００万円まで）

(3) 控除する贈与税額

控除する贈与税額は、相続税の課税価格に加算された贈与財産にかかる贈与税の税額ですが、加算税、延滞税、利子税の額は含まれません。

5. 所得税の準確定申告

所得税は、毎年1月1日から12月31日までの1年間に生じた所得について計算し、翌年3月15日までの間に申告と納税をすることになっています。

しかし、年の中途で死亡した人の場合は、相続人が、1月1日から死亡した日までに確定した所得金額及び税額を計算して、相続の開始があったことを知った日の翌日から**4カ月以内**に申告と納税をしなければなりません。これを**準確定申告**といいます。

また、準確定申告書には、各相続人の氏名、住所、被相続人との続柄などを記入した付表を添付し、被相続人の死亡当時の納税地の税務署長に提出します。

準確定申告をする場合には、次の点に注意してください。

(1) 確定申告をしなければならない人が1月1日から3月15日までの間に確定申告書を提出しないで死亡した場合

この場合の準確定申告の期限は、**前年分、本年分とも**相続の開始があったことを知った日の翌日から**４カ月以内**となります。

(2) 相続人が２人以上いる場合

一般的には**各相続人の連署**により準確定申告書を提出することになります。**他の相続人の氏名を付記して各人が別々に提出**することもできます。ただし、当該申告書を提出した相続人は、他の相続人に申告した内容を通知しなければならないことになっています。

(3) 所得控除の適用上の注意点

①医療費控除の対象となるのは、死亡の日までに被相続人が支払った医療費であり、死亡後に相続人が負担した医療費※は医療費控除の対象に含めることはできません。

※未払医療費は、相続税の債務として控除することになります。

②社会保険料・生命保険料・地震保険料控除等の対象となるのは、死亡の日までに被相続人が支払った保険料等の額です。

③配偶者控除や扶養控除等の適用の有無に関する判定は、死亡の日の現況により行います。

第6章

相続税の計算と申告

1．土地・建物の評価

亡くなった日の残高がそのまま相続税の評価額になる預金とは異なり、土地は特殊な方法で評価額を計算します。そのため、難しいと思われがちです。

しかし、相続財産の大半が自宅の土地だということも多いので、自分でも大まかに土地の評価額を求められた方が安心です。

(1) 土地の評価方法

土地の評価は基本的に「**路線価方式**」と「**倍率方式**」という2つの方法で行います。

路線価方式は、いわゆる市街化地域にある土地について用いられ、倍率方式は郊外や農村部にある宅地について用いられています。

路線価方式と倍率方式のどちらで評価するかは、国税庁のホームページで確認することができます（https://www.rosenka.nta.go.jp/）。

なお、土地の相続税評価額は時価相場の80％を目安として決められています。そのため、多くの場合には実際の売却価額より安くなるように設定されています。

(2)「路線価方式」による土地の評価

「**路線価**」というのは、毎年1月1日現在で道路につけられる評価額のことです。新聞等でも大きく報道されますので、みなさんもご存知かと思います。「路線価方式」は、この道路につけられた評価額をもとに土地の評価を行います。

路線価は、1㎡あたりの評価額のため、評価の対象となる土地に面している路線価が分かれば、それに面積をかけることで、その土地の評価額を計算することができます。

さらに同じ広さの土地でも形や条件により評価額が変わるので、土地の形や条件を考慮して路線価を修正し、より実態に近い評価を行うことになっています。路線価は毎年改定され、その年の7月に国税庁から「路線価図」という地図が公表されます。そのため、こちらを見ながら評価をすることとなります。

路線価による土地の評価方法

> 路線価 × 面積 = 土地の評価額

(3)「倍率方式」による土地の評価

郊外や農村部などには、路線価はついていません。このような土地についてはその土地の固定資産税評価額を基準にして、毎年、地域ごとに定められる一定の割合（評価倍率）をかけて土地の評価額を計算します。この方式を「倍率方式」といいます。

固定資産税評価額は市町村役場から送付される「固定資産税の課税明細書」や市町村役場で発行してもらえる「固定資産の評価額証明書」で確認することができます。また倍率は本節(1)項に記載のある国税庁のホームページで確認することができます。

倍率による土地の評価方法

> 固定資産税評価額 × 倍率 ＝ 土地の評価額

(4) 建物の評価

建物の評価額は固定資産税評価額の1倍です。固定資産税評価額は市町村役場から送付される「固定資産税の課税明細書」や市町村役場で発行してもらえる「固定資産の評価額証明書」で確認することができます。
　つまり、建物の評価額は市町村役場で確認できる固定資産税評価額と同じ金額です。

建物の評価方法

固定資産税評価額 ＝ 建物の評価額

(5) 土地・建物の評価の減額

①地形による補正

「路線価方式」による評価額は、その土地が接する道路の路線価にその土地の面積をかけて決まりますが、これだけだとその土地の形状や利便性が全く考慮されないことになってしまいます。そのため、これらの土地の特性を評価に反映させるため画地調整という調整を行います。
　例えば、角地である、裏通りがあるなど、その土地が2つ以上の道路に接している場合には、ひとつの道路にしか接していない土地よりも利用価値が高くなるため、評価額も高くなります。

逆に、奥行きが長すぎたり、短すぎたりする土地や、間口が狭い土地、さらに形がいびつであったり、袋地やがけ地であったりした場合は、土地の利用価値が下がるため、評価額も下がります。

このような土地の形状などによる評価額の調整を「画地調整」といいます。

画地調整を考慮した路線価による土地の評価方法

路線価 × 画地調整補正率 × 面積 ＝ 土地の評価額

②土地の大きさによる補正

①では土地の形状や接道状況により評価額が変わることを説明しました。これに加えて、大きすぎる土地については土地の取引価格は下がる傾向があるため、評価額を減額することができます。これを「地積規模の大きな宅地」といいます。これは平成30年度の税制改正により制定されたものです。

地積規模を考慮した路線価による土地の評価方法

路線価×画地調整補正率×規模格差補正率×面積＝土地の評価額

③賃貸による補正

・他人に貸している土地の評価

他人に土地を貸していて、借主がその土地に建物を建てている場合、その土地には「**借地権**」が存在することになります。その場合、その土地を自由に使うことができないため、その土地の価格は下がります。このような土地を「**貸宅地**」と呼び、評価するうえでも借地権の価額を控除した評価額となります。

・賃貸建物の敷地の評価

賃貸アパート等が建っている土地のことを「**貸家建付地**」といいます。貸宅地の場合は、その土地の上に建っている建物は、借地人が持っていますが、貸家建付地の場合は、土地も建物も自分にあるという点が異なります。この場合、貸宅地ほどではないですが、その土地を自分で自由に使うことができないため、その土地の価格は下がります。評価するうえでも貸家建付地は減額されることになります。

路線価による借地権等の存在する土地の評価方法

路線価 ×画地調整補正率 ×（1 − 借地権割合等）× 面積 ＝ 土地の評価額

・貸家の評価

建物の評価は固定資産税評価額となります。

しかし建物を賃貸している場合は、借家人がいる分だけ利用が制限されるので、その建物の評価額から借家権を控除した金額が、貸家の評価額となります。通常借家権割合は30％となっています。

貸家の評価方法

固定資産税評価額 ×（1 − 借家権割合等）＝ 貸家の評価額

土地及び土地の上に存する権利の評価についての調整率表（平成31年1月分以降用）

① 奥行価格補正率表

奥行距離m ＼ 地区区分	ビル街	高度商業	繁華街	普通商業・併用住宅	普通住宅	中小工場	大工場
4未満	0.80	0.90	0.90	0.90	0.90	0.85	0.85
4以上 6未満		0.92	0.92	0.92	0.92	0.90	0.90
6 〃 8 〃	0.84	0.94	0.95	0.95	0.95	0.93	0.93
8 〃 10 〃	0.88	0.96	0.97	0.97	0.97	0.95	0.95
10 〃 12 〃	0.90	0.98	0.99	0.99	1.00	0.96	0.96
12 〃 14 〃	0.91	0.99	1.00	1.00		0.97	0.97
14 〃 16 〃	0.92	1.00				0.98	0.98
16 〃 20 〃	0.93					0.99	0.99
20 〃 24 〃	0.94					1.00	1.00
24 〃 28 〃	0.95				0.97		
28 〃 32 〃	0.96		0.98		0.95		
32 〃 36 〃	0.97		0.96	0.97	0.93		
36 〃 40 〃	0.98		0.94	0.95	0.92		
40 〃 44 〃	0.99		0.92	0.93	0.91		
44 〃 48 〃	1.00		0.90	0.91	0.90		
48 〃 52 〃		0.99	0.88	0.89	0.89		
52 〃 56 〃		0.98	0.87	0.88	0.88		
56 〃 60 〃		0.97	0.86	0.87	0.87		
60 〃 64 〃		0.96	0.85	0.86	0.86	0.99	
64 〃 68 〃		0.95	0.84	0.85	0.85	0.98	
68 〃 72 〃		0.94	0.83	0.84	0.84	0.97	
72 〃 76 〃		0.93	0.82	0.83	0.83	0.96	
76 〃 80 〃		0.92	0.81	0.82			
80 〃 84 〃		0.90	0.80	0.81	0.82	0.93	
84 〃 88 〃		0.88		0.80			
88 〃 92 〃		0.86			0.81	0.90	
92 〃 96 〃	0.99	0.84					
96 〃 100 〃	0.97	0.82					
100 〃	0.95	0.80			0.80		

② 側方路線影響加算率表

地区区分	加算率	
	角地の場合	準角地の場合
ビル街	0.07	0.03
高度商業、繁華街	0.10	0.05
普通商業・併用住宅	0.08	0.04
普通住宅、中小工場	0.03	0.02
大工場	0.02	0.01

③ 二方路線影響加算率表

地区区分	加算率
ビル街	0.03
高度商業、繁華街	0.07
普通商業・併用住宅	0.05
普通住宅、中小工場	0.02
大工場	0.02

④ 不整形地補正率を算定する際の地積区分表

地区区分 ＼ 地積区分	A	B	C
高度商業	1,000㎡未満	1,000㎡以上 1,500㎡未満	1,500㎡以上
繁華街	450㎡未満	450㎡以上 700㎡未満	700㎡以上
普通商業・併用住宅	650㎡未満	650㎡以上 1,000㎡未満	1,000㎡以上
普通住宅	500㎡未満	500㎡以上 750㎡未満	750㎡以上
中小工場	3,500㎡未満	3,500㎡以上 5,000㎡未満	5,000㎡以上

⑤ 不整形地補正率表

かげ地割合 ＼ 地区区分・地積区分	高度商業、繁華街、普通商業・併用住宅、中小工場			普通住宅		
	A	B	C	A	B	C
10%以上	0.99	0.99	1.00	0.98	0.99	0.99
15% 〃	0.98	0.99	0.99	0.96	0.98	0.99
20% 〃	0.97	0.98	0.99	0.94	0.97	0.98
25% 〃	0.96	0.98	0.99	0.92	0.95	0.97
30% 〃	0.94	0.97	0.98	0.90	0.93	0.96
35% 〃	0.92	0.95	0.98	0.88	0.91	0.94
40% 〃	0.90	0.93	0.97	0.85	0.88	0.92
45% 〃	0.87	0.91	0.95	0.82	0.85	0.90
50% 〃	0.84	0.89	0.93	0.79	0.82	0.87
55% 〃	0.80	0.87	0.90	0.75	0.78	0.83
60% 〃	0.76	0.84	0.86	0.70	0.73	0.78
65% 〃	0.70	0.75	0.80	0.60	0.65	0.70

⑥ 間口狭小補正率表

間口距離m ＼ 地区区分	ビル街	高度商業	繁華街	普通商業・併用住宅	普通住宅	中小工場	大工場
4未満	—	0.85	0.90	0.90	0.90	0.80	0.80
4以上6未満	—	0.94	1.00	0.97	0.94	0.85	0.85
6 〃 8 〃	—	0.97		1.00	0.97	0.90	0.90
8 〃 10 〃	0.95	1.00			1.00	0.95	0.95
10 〃 16 〃	0.97					1.00	0.97
16 〃 22 〃	0.98						0.98
22 〃 28 〃	0.99						0.99
28 〃	1.00						1.00

⑦ 奥行長大補正率表

奥行距離/間口距離 ＼ 地区区分	ビル街	高度商業	繁華街	普通商業・併用住宅	普通住宅	中小工場	大工場
2以上3未満	1.00	1.00			0.98	1.00	1.00
3 〃 4 〃		0.99			0.96	0.99	
4 〃 5 〃		0.98			0.94	0.98	
5 〃 6 〃		0.96			0.92	0.96	
6 〃 7 〃		0.94			0.90	0.94	
7 〃 8 〃		0.92				0.92	
8 〃		0.90				0.90	

⑧ 規模格差補正率を算定する際の表

イ　三大都市圏に所在する宅地

地積㎡ ＼ 地区区分・記号	普通商業・併用住宅 普通住宅	
	Ⓑ	Ⓒ
500以上1,000未満	0.95	25
1,000 〃 3,000 〃	0.90	75
3,000 〃 5,000 〃	0.85	225
5,000 〃	0.80	475

ロ　三大都市圏以外の地域に所在する宅地

地積㎡ ＼ 地区区分・記号	普通商業・併用住宅 普通住宅	
	Ⓑ	Ⓒ
1,000以上3,000未満	0.90	100
3,000 〃 5,000 〃	0.85	250
5,000 〃	0.80	500

⑨ がけ地補正率表

がけ地地積/総地積 ＼ がけ地の方位	南	東	西	北
0.10以上	0.96	0.95	0.94	0.93
0.20 〃	0.92	0.91	0.90	0.88
0.30 〃	0.88	0.87	0.86	0.83
0.40 〃	0.85	0.84	0.82	0.78
0.50 〃	0.82	0.81	0.78	0.73
0.60 〃	0.79	0.77	0.74	0.68
0.70 〃	0.76	0.74	0.70	0.63
0.80 〃	0.73	0.70	0.66	0.58
0.90 〃	0.70	0.65	0.60	0.53

⑩ 特別警戒区域補正率表

特別警戒区域の地積/総地積	補正率
0.10以上	0.90
0.40 〃	0.80
0.70 〃	0.70

（資4−85−A4統一）

2. 小規模宅地等の特例

(1) 自宅の敷地の評価減

小規模宅地等の特例とは、一言でいうと「被相続人の宅地の評価額を、一定の面積と条件で50~80%減額する」という制度です。

都会の一等地等に住んでいる場合は、その分土地の評価額も高くなり、相続税を支払うために自宅を手放さなければならないという事態にもなりかねません。そんな事態を防ぐための制度がこの「**小規模宅地等の特例**」です。減額される割合が大きく、最も活用したい特例制度です。

小規模宅地等の特例は被相続人(または生計を一にしていた親族)の自宅敷地を特定の相続人が相続した場合で、一定の条件に該当する場合には、その宅地のうち**330㎡**までの部分については特定居住用宅地として、その土地の評価額の**80%**を減額することにしています。

特例が適用される条件①

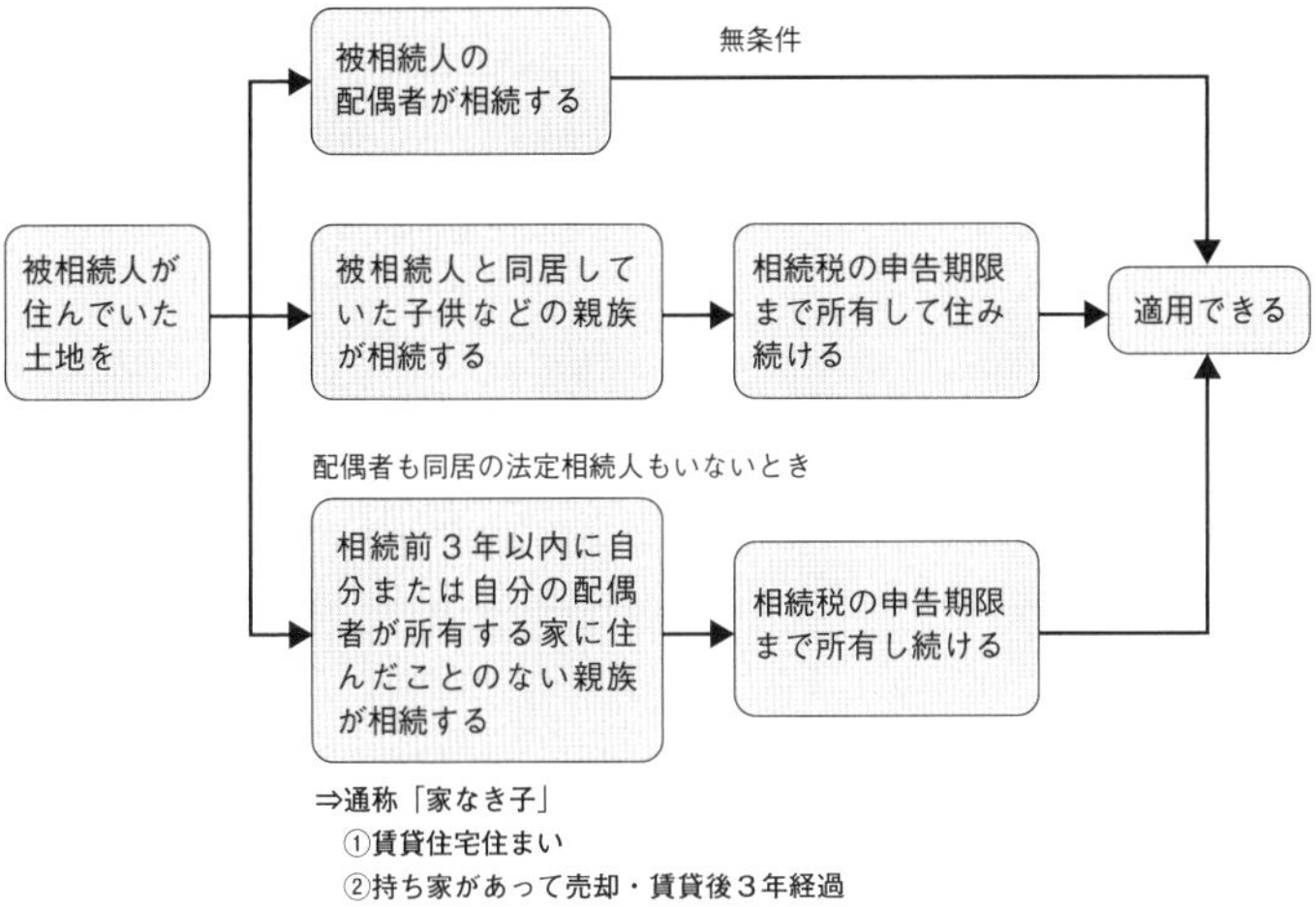

特例が適用される条件②

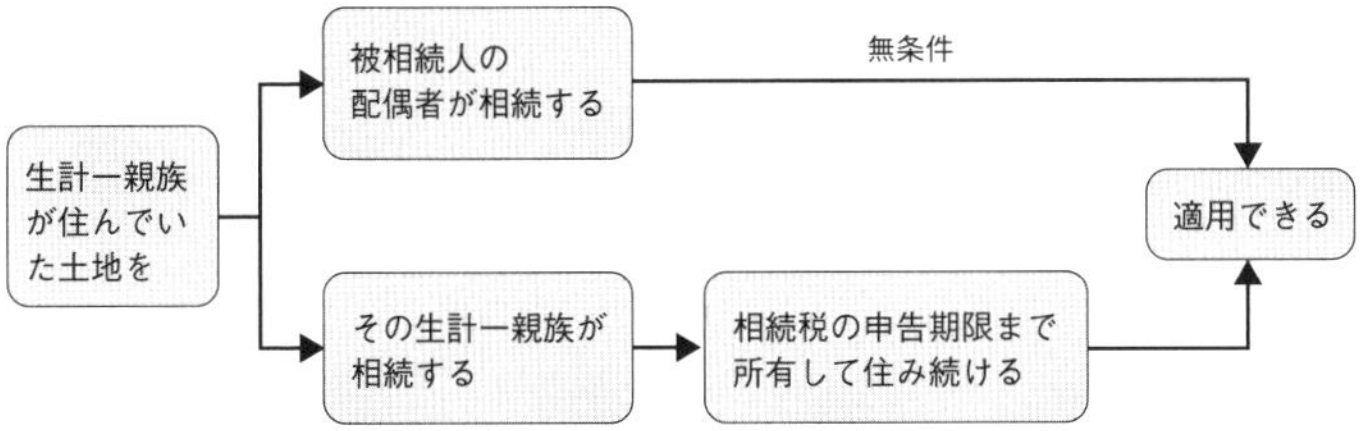

小規模宅地等の特例の限度面積とその併用関係

宅地の種類	限度面積	減額割合
Ⅰ　特定居住用宅地等	330㎡	80％
Ⅱ　特定事業用等宅地等	400㎡	80％
Ⅲ　貸付事業用宅地等	200㎡ ※ⅠまたはⅡとⅢを併用するときは適用面積の調整が必要	50％

(2) 事業用の宅地の評価減

小規模宅地等の評価減額の特例は、自宅敷地だけではなく、被相続人の事業の敷地として使用されていた土地についても、一定の条件で「**特定事業用等宅地等**」として**400㎡**までの部分について80％の減額が受けられます。

また、貸家や貸駐車場などの土地は「**貸付事業用宅地等**」として200㎡までの部分について50％の減額が受けられます。

(3) 小規模宅地等の特例の併用

小規模宅地等の特例は、宅地の用途によって適用を受けられる面積の限度が決まっています。ただし、特定居住用宅地等と特定事業用等宅地等は併用が可能なため、併せて730㎡まで適用可能となります。

限度面積と併用関係をまとめると表のようになります。

他にも小規模宅地等の特例には細かい要件が多いため、税務署や税理士などの専門家に相談することをおすすめします。

3．株式の評価

(1) 上場株式の評価

上場株式とは、東京証券取引所などの金融商品取引所に上場されている株式をいいます。上場株式は、その取引所が公表する課税時期（相続の場合は死亡の日）の最終価格によって評価します。

ただし、課税時期の最終価格が、次の３つの価額のうち最も低い価額を超える場合は、その最も低い価額により評価します。

１　亡くなった月の毎日の最終価格の平均額

2　亡くなった月の前月の毎日の最終価格の平均額
3　亡くなった月の前々月の毎日の最終価格の平均額

なお、亡くなった日が取引所の休日で、取引自体がないときは、亡くなった日に一番近い日の最終価格を使うことになっています。

(2) 非上場株式の評価

非上場株式（取引相場のない株式）は相続で株式を取得した株主が、その株式を発行した会社の経営支配力を持っている同族株主等か、それ以外の株主かの区分により、それぞれ**原則的評価方式**または特例的な評価方式の**配当還元方式**により評価します。

①原則的評価方式

原則的評価方式は、評価する株式を発行した会社を総資産価額、従業員数、及び取引金額により大会社、中会社または小会社のいずれかに区分して、次のような方法で評価をすることになっています。

■非上場株式の評価方法（原則的評価方式）

会社規模の区分に応じた評価方式

区分		割合		備考
		類似業種比準価額	純資産価額	
大会社		100%	0%	純資産価額でもよい
中会社	大	90%	10%	
	中	75%	25%	
	小	60%	40%	
小会社		0%	100%	50%ずつ併用でもよい

【株価の計算式】

（類似業種比準価額×割合）＋（純資産価額×割合）

☆類似業種比準方式

類似する業種の平均株価、１株当たりの配当金額、年利益金額、純資産価額を比較して評価額を計算する方法です。

☆純資産価額方式

評価会社の資産（相続税評価額）から負債（相続税評価額）と、評価差額に対する法人税額等相当額を控除して評価額を計算する方法です。

会社規模の判定基準

純資産価額			従業員数	年間取引金額			会社規模
① 卸売業	② 小売・サービス業	③ ①・②以外		① 卸売業	② 小売・サービス業	③ ①・②以外	
――	――	――	70人以上	――	――	――	大会社
20億円以上	15億円以上	15億円以上	35人超	30億円以上	20億円以上	15億円以上	
4億円以上 20億円未満	5億円以上 15億円未満	5億円以上 15億円未満	35人超	7億円以上 30億円未満	5億円以上 20億円未満	4億円以上 15億円未満	中会社（大）
2億円以上 4億円未満	2億5,000万円以上 5億円未満	2億5,000万円以上 5億円未満	20人超 35人以下	3億5,000万円以上 7億円未満	2億5,000万円以上 5億円未満	2億円以上 4億円未満	中会社（中）
7,000万円以上 2億円未満	4,000万円以上 2億5,000万円未満	5,000万円以上 2億5,000万円未満	5人超 20人以下	2億円以上 3億5,000万円未満	6,000万円以上 2億5,000万円未満	8,000万円以上 2億円未満	中会社（小）
7,000万円未満	4,000万円未満	5,000万円未満	5人以下	2億円未満	6,000万円未満	8,000万円未満	小会社

※従業員数が70人以上の会社は大会社

※従業員数が70人未満の会社は、従業員数と純資産価額についていずれか下の区分を採用したうえで、さらに年間取引金額と比較して、どちらか上の区分を採用します。

②配当還元方式

配当還元方式は、過去2年間の配当金額を10％の利率で還元して評価額を計算する方法です。

4. 贈与税額控除

相続を受けた人が、被相続人から相続開始前3年以内に贈与された財産は、相続税の対象になります。

しかし、財産の贈与があったときに、贈与税を払っていた場合、その財産は贈与税と相続税の両方を払うことになってしまいます。そのため相続税と贈与税を二重で支払うことがないように、払った贈与税の金額分は相続税から差し引くことができます。

ただし、贈与が基礎控除（110万円）以下などで贈与税を

■非上場株式の評価方法（配当還元方式）

$$\frac{\text{年配当金額}}{10\%} \times \frac{\text{1株当たり資本金の額}}{50\text{円}}$$

支払っていない場合は、この控除を受けることはできません。

5．相続税の納税方法

(1) 原則は現金納付

相続税の納税は申告書の提出期限と同じく、被相続人が死亡したことを知った日（通常は死亡日）の翌日から10カ月以内に行うことになっています。なお、この期限が土日祝日などに当たるときは、その翌日が期限となります。納期限までに**金銭**で**一括**で納めることになります。納税は税務署の他、金融機関や郵便局の窓口で行うことができます。

■贈与税額控除の計算方法

$$\text{贈与税額控除} = \text{贈与を受けた年分の贈与税} \times \frac{\text{相続税の課税価格に加えた贈与財産の価額}}{\text{贈与を受けた年分の贈与財産の合計額}}$$

(2) 納税が難しい場合

相続税を納期限までに納めなかったときは、本来払うべき相続税に加え、利息にあたる延滞税もかかってしまうので、注意が必要です。延滞税は本来の納期限から2カ月間は年2・5%(令和3年)の割合ですが、それを過ぎると年8・8%(令和3年)という高い割合となってしまうので、なるべく早めに納めた方がいいでしょう。

ただ、遺産の大半を不動産が占めているなど、相続税を一括で納めるのが難しい理由がある場合には、例外的に分割払いの**延納**や、物で納める**物納**という制度の利用が認められることもあります。

(3) 延　納

相続税は、金銭で一括で納付することが原則です。ただし、相続税額が10万円を超え、納期限までに金銭で納付することを困難とする事由がある場合には、納税者の申請により、その納付を困難とする金額を限度として、担保を提供することにより、分割で納めることができます。これを「**延納**」といいます。この延納期間中は利子税がかかります。

延納は「納税者の申請」⇓「税務署の審査」⇓「許可または却下」という流れとなります。

(4) 物　納

延納によっても金銭で納付することを困難とする事由がある場合に、その納付を困難とする金額を限度として、納税者の申請により、一定の相続財産で納付することが認められています。これを「**物納**」といいます。

物納できる財産の順番は決まっていて、①不動産・船舶・国債・地方債・上場株式等、②非上場株式等、③動産の順番となります。

物納は「納税者の申請」⇓「税務署の審査」⇓「許可または却下」という流れとなります。

第7章

裁判所での諸手続き

1．遺言内容の執行

亡くなった方が遺言書を残している場合、その遺言書の内容を実現するために、遺言内容の執行が必要になります。財産や不動産の権利関係について、遺言書の内容どおりに手続きを行う全権限を持っているのが、「遺言執行者」です。遺言執行者は、遺言の執行に必要な一切の行為をする権利義務があります（民法1012条1項）。遺言書に遺言執行者が指定されているときにはその人が、特に指定がない場合には家庭裁判所が選任した人が遺言執行者となります。

遺言執行者に就任したときは、まず法定相続人に対して、遺言執行者に就任したことを通知します。また、相続財産の目録を作成し、法定相続人に開示しなければなりません（民法1011条1項）。そして、遺言書に従って手続きを進めていくことになります。

	遺言内容の執行
手続き先	各　所 （例）　預金　→金融機関　　不動産→法務局
手続き時期	遺言執行者に就任後すみやかに
必要書類	○遺言書（自筆証書の場合は検認済みのもの） ○遺言者の死亡の記載のある戸籍謄本 ○遺言者の出生から死亡までの戸籍謄本 ○法定相続人全員の戸籍謄本と住民票 ○遺言執行者の実印と印鑑証明書

2．遺言執行者の選任

(1) 遺言執行者とは

「遺言執行者」とは、遺言の内容を実現する人のことをいいます。

遺言執行者は遺言書で指定されている場合があります（民法１００６条）。その場合は、その指定された人が遺言の執行者となります。指定された人は遺言執行者への就任を拒否することもできます。

遺言執行者が指定されていない、あるいは遺言執行者が亡くなっている場合、家庭裁判所へ申し立てをすることにより、遺言執行者を選任することができます（民法１０１０条）。

遺言書で認知を定めている場合には、遺言執行者が必要となります（戸籍法64条）。また、相続人の廃除や遺贈など、遺言の執行を必要とする事項がある場合は遺言執行者を定めた方が良いでしょう。

遺言執行者が選任されると、遺言内容を実現する手続きが遺言執行者のみで行えるようになります。そのため、スムーズに遺言の内容を実現することが可能になります。

(2) 遺言執行者の選任

遺言書の存在が確認されると、まず、家庭裁判所でその遺言内容を確認する「検認」という手続きを行います。検認とは、遺言書の保管者が提出した遺言書について、家庭裁判所がその存在及び内容を確認する手続きのことです。遺言の保管者は、相続開始後、遅滞なく遺言書の検認の手続きをしなくてはなりません。相続人が遺言書を発見した場合も、同様です（民法1004条1項）。

遺言書に遺言執行者が指定されている場合には、その人が遺言執行者として就任することを承諾すれば、遺言執行者が決定します。遺言執行者が就任を承諾した場合、直ちにその任務を行わなければなりません（民法1007条）。なお、未成年者及び破産者は遺言執行者となることができません（民法1009条）。

	遺言執行者の選任
手続き先	家庭裁判所
申立の時期	①自筆証書遺言の場合は、検認が終わったあと ②公正証書遺言なら遺言執行者が亡くなったことを知ったとき
手続き方法	利害関係人（相続人、遺言者の債権者、遺贈を受けた者など）が家庭裁判所に「遺言執行者選任の申立書」を提出
必要書類	○遺言執行者選任の申立書 ○遺言者の死亡の記載のある戸籍謄本（全部事項証明書） ※申立先の家庭裁判所に遺言書の検認事件の事件記録が保存されている場合は添付不要（保存期間は検認から５年間） ○遺言執行者候補者の住民票または戸籍附票 ○遺言書写しまたは遺言書の検認調書謄本の写し ※申立先の家庭裁判所に遺言書の検認事件の事件記録が保存されている場合は添付不要（保存期間は検認から５年間） ○利害関係を証する資料 ※親族の場合は戸籍謄本

遺言執行者が指定されていない場合、あるいは遺言執行者が亡くなった場合、利害関係人（相続人、遺言者の債権者、遺贈を受けた者など）が家庭裁判所に「遺言執行者選任の申立書」を提出することで、遺言執行者を選任してもらうことができます（民法1010条）。相続人を遺言執行者の候補とすることもできますが、一般的に、遺言の執行には専門知識が必要な場面もありますから、弁護士等の専門家を候補者とするケースが多いと思われます。

3．成年後見人

(1) 成年後見人とは

共同相続人の中に、成年ではあるものの認知症・知的障害・精神障害などにより判断能力を欠く相続人がいる場合、その相続人は遺産分割協議に参加するための意思能力を欠き、単独では有効な遺産分割協議ができません（民法3条の2）。そこで、その相続人に代わり遺産分割協議に参加する人が必要になります。それが「成年後見人」です。

後見人の支援を受ける本人のことを「被後見人」といいます。なお、判断能力に一部問題はあるけれど、完全に判断能力を失っておらず、成年後見に至らないときには、その程度に応じて「保佐（保佐人）」「補助（補助人）」といった類型もありますが、本書では、成年後見人に絞って説明します。

また、成年後見人制度には、裁判所が後見人を選任する法定後見制度と、本人が判断能力を有している間に、将来自己の判断能力が不十分になったときに後見事務を行ってもらう後見人をきめておく任意後見制度がありますが、この章では、裁判所での諸手続きを扱っていますので、法定後見制度について説明します。

成年後見人は、本人の不動産や預貯金などの「財産管理」や、身の回りの世話のための「身上監護」を行い（民法858条）、財産に関する法律行為については成年被後見人を代表します（民法859条1項）。遺産分割の場面においては、本人の代わりに遺産分割協議に参加します。

遺産分割協議において、成年後見人を務めているのが他の共同相続人の場合は、利益相反の問題が生じてしまいます。利益相反とは、当事者の間で、一方の利益を優先すると、他方が不利益を受ける関係にあることです。この場合、一方が他方を代理することは禁じられています。したがって、成年後見人と成年被後見人の利益が相反する場合には、成年後見人が遺産分割協議に参加することはできません（民法860条、826条1項）。もっとも、この成年後見人に「後見監督人（成年後見人を監督する人）」が選任されていれば、後見監督人が本人の代わりに遺産分割協議に参加することができますが（民法851条）、後見監督人が選任されていない場合には、後述の「特別代理人」を選任する必要があります（民法860条、826条1項）。

成年後見人は、家庭裁判所の監督のもと業務を行い（民法863条1項、家事事件手続法124条1項）、その業務内容に応じて被後見人の財産から報酬を受け取ることができます（民法862条）。報酬を受け取る場合には家庭裁判所への申し立てが必要となります。なお、親族など近しい人が後見人になっている場合には無報酬ということも少なくありません。

一般的に、成年後見人の業務は一時的なものではなく、本人が死亡するまで続きます。やむを得ない事情により辞任する場合にも家庭裁判所の許可が必要となります（民法844条）。

	成年後見人の選任
手続き先	家庭裁判所
手続きの時期	死亡後相続人・相続財産の確定ができ次第
必要書類	○申立書（家事審判申立書） ○本人の戸籍謄本（全部事項証明書） ○本人の住民票または戸籍附票 ○成年後見人候補者の住民票または戸籍附票 ※成年後見人候補者が法人の場合には当該法人の商業登記簿謄本が必要です。 ○本人の診断書（家庭裁判所が定める様式のもの。家庭裁判所によっては、項目を付加するなど適宜変更した書式を用意している場合があります）。詳細は管轄の家庭裁判所に問い合わせてください。 ○本人の成年後見登記等に関する登記がされていないことの証明書 ○本人の財産に関する資料（不動産登記事項証明書〈未登記の場合は固定資産評価証明書〉、預貯金及び有価証券の残高が分かる書類〈通帳写し、残高証明書〉など）

(2) 成年後見人の選任

成年後見人の選任の申立人になれるのは本人（成年後見開始の審判を受ける者）、配偶者、４親等以内の親族等で、家庭裁判所に対して申し立てを行います（民法７条）。このとき、成年後見人の候補者を推薦することができます。本人の配偶者や子などの親族を候補者として申し立てることができますが、裁判所の判断によっては、弁護士や司法書士といった専門家が選任されることもあります。専門家が選任される例としては、遺産分割が必要な場合や、本人の推定相続人間で争いがある場合などがあげられます。

また、推薦した候補者が選任された場合であっても、その後見人を監視する後見監督人（成年後見人を監督する人）が専門家から選ばれることもあります（民法849条）。

4. 特別代理人

(1) 特別代理人とは

共同相続人の中に未成年がいる場合にも、その相続人は単独で遺産分割協議に参加することができません。その相続人に親権者または未成年後見人がいる場合には、親権者・未成年後見人が遺産分割協議に参加することができます（民法824条、859条1項）。他方、親権者・未成年後見人がいる場合でも、未成年者本人と親権者・未成年後見人が共同相続人であるなど、当事者間の利益が相反する場合には

	特別代理人の選任
手続き先	未成年者の住所地を管轄する家庭裁判所 または 後見開始の審判をした家庭裁判所
必要書類	○特別代理人選任の申立書 ○未成年者の戸籍謄本（全部事項証明書） ○親権者または未成年後見人の戸籍謄本（全部事項証明書） ○特別代理人候補者の住民票または戸籍附票 ○被相続人の遺産を明らかにする資料（不動産登記事項証明書及び固定資産評価証明書、預金残高証明書など） ○利益相反に関する資料（遺産分割協議書案、契約書案など） ○利害関係を証する資料（戸籍謄本［全部事項証明書など］） ※利害関係人からの申し立ての場合

「特別代理人」を選任する必要があります。そして、選任された特別代理人は、未成年の相続人に代わり遺産分割の協議に参加することができます（民法860条、826条1項）。

なお、前述のように、成年後見人がついているものの、成年後見人と成年被後見人の利益が相反し、かつ、成年後見監督人が選任されていない場合には、特別代理人が遺産分割協議に参加します。

(2) 特別代理人の選任

特別代理人の選任が必要な場

合には、家庭裁判所に「特別代理人選任申立」を行います。申し立ての際は遺産分割協議書案を作成し、添付することが必要となります。この申立書には特別代理人候補者として、相続の当事者である未成年者及び親権者との間に利害関係のない第三者をあらかじめ記載しなければなりません。特別代理人候補者には、相続人ではない親族になってもらうことが多いですが、候補者がいない場合には弁護士などの専門家になってもらうこともできます。最終的には家庭裁判所の判断で特別代理人が選任されることになります。

5．不在者財産管理人

共同相続人の中に行方不明や音信不通の人がいる場合でも、その相続人を除外することはできません。そのような相続人がいる場合、「不在者財産管理人」を選任する必要があります。

共同相続人の中に行方不明や音信不通の「不在者」がいて、その不在者の法定代理人等が存在しないとき、行方を探す手を尽くしても所在が判明しないときは、利害関係人が、家庭裁判所に申し立てを行い、その不在者の財産を管理する不在者財産管理人を選任してもらうことができます。その不在者財産管理人が、不在者の代理人として遺産分割協議に参加することになります。（民法25条1項）。不在者財産管理人の選任手続きは、不在者の従来の住所地を管轄する家庭裁判所で行います（家事事件手続法145条）。裁判所としては弁護士などの専門家を不在者財産管理人に選任することが多いですが、親族がなる場合もあります。いずれの場合にも、不在者財産管理人は裁判所へ1年ごとに定期的な財産管理業務報告をすることになります。

その他に、後述の「失踪宣告（民法30条）」や「認定死亡（戸籍法89条）」といった制度があります。生存が判明している、または帰来する見込みが高いということであれば、不在者が帰来することを前提とした制度である、不在者財産管理制度の利用を検討すべきでしょう。他方で、不在者が死亡している可能性が高い場合には、失踪宣告制度・認定死亡制度の利用を検討することとなります。失踪宣告よりも、認定死亡制度の方が、手続きとしては簡易です。

いずれの制度を利用するにしても、まずは不在者の戸籍謄本と戸籍の附票（住所地が記載されているもの）を取得し、住所地を確認したうえで、その住所地に相続人が居住しているかどうかを確認してみましょう。具体的には、実際に現地を訪れてみた

	不在者財産管理人の選任
手続き先	不在者の従来の住所地または居所地の家庭裁判所
必要書類	◯不在者財産管理人選任審判申立書 ◯不在者の戸籍謄本（全部事項証明書） ◯不在者の戸籍附票 ◯財産管理人候補者の住民票または戸籍附票 ◯不在者の財産に関する資料（不動産登記事項証明書及び固定資産評価証明書、預金残高証明書など） ◯不在の事実を証明する資料（家出人届出受理証明書など） ◯利害関係を証する資料（戸籍謄本〈全部事項証明書〉、契約書など） ※利害関係人からの申し立ての場合

り、手紙を送るなどして、連絡を取ることを試みましょう。

それでも連絡がつかない場合は、判明している最後の住所地宛に書留や配達記録などの郵便を送ってみます。この郵便が受け取られなければ、そこにその相続人がいないことの資料となります。逆に、この郵便が届くのであれば、住所地にその相続人がいる可能性があるということになります。いろいろ手は尽くしたけれども、その相続人の所在が分からないときには、不在者財産管理人を選任してもらい手続きを進めましょう。

6．失踪宣告

⑴ 失踪宣告とは

共同相続人の中に、従来の住所・居所から去り、容易に戻る見込みのない不在者がいて、長期間その生死が明らかでないときは「失踪宣告」の申し立てをし、その相続人を法律上死亡したものとみなして、相続手続きを進めることがあります（民法30条）。「失踪宣告」とは、①不在者の生死が7年間明らかでない場合（普通失踪）、②戦争、地震などの災害、船舶事故、遭難などの理由で1年間生死不明の場合（特別失踪）があり、①については不明から7年経過したとき、②についてはその死亡原因となる危機が去ったときに死亡したとみなす制度です。相続人の中に長期にわたって生死不明の人がいて、生存している可能性が乏しい場合などには、この失踪宣告を利用することになります。

	失踪宣告
手続き先	不在者の住所地または居所を管轄する家庭裁判所
必要書類	○申立書（家事審判申立書） ○不在者の戸籍謄本（全部事項証明書） ○不在者の戸籍附票 ○失踪を証する資料 ○申立人の利害関係を証する資料（親族関係であれば戸籍謄本〈全部事項証明書〉）

(2) 失踪宣告の手続き

手続き方法としては、利害関係人（不在者の配偶者、相続人に当たる者、財産管理人、受遺者など失踪宣告を求める法律上の利害関係を有する者）が申立人となり、家庭裁判所に失踪宣告を申し立てます。失踪宣告が認められると、失踪宣告を受けた者は死亡したことになるので、その不在者（失踪者）についての相続が発生し、婚姻していれば配偶者との婚姻関係が解消されます（民法31条）。

行方不明者が生存していることを前提として財産管理人を選任する「不在者財産管理人」制度と異なり、失踪宣告の手続きは人を死亡したことにする手続きであるため、より慎重な手続きとなります。また、申立人には戸籍法による届出義務があるので、審判が確定してから10日以内に、市区町村役所に失踪の届出をし

	復氏届
手続き先	本人の本籍地または住所地の市区町村役所
手続き時期	相続開始後
必要書類	○復氏届 ○戸籍謄本（生存配偶者の現在戸籍と結婚前の戸籍）

なくてはなりません（戸籍法94条、63条1項）。

7．復氏届

結婚により自分の姓を変えていた場合、夫婦の一方が死亡したときは生存配偶者が「復氏届」を提出することで、結婚前の姓に戻すことができます（民法７５１条、戸籍法95条）。

8．子の氏の変更許可申し立て

配偶者が亡くなった場合は、生存配偶者は復氏届の提出で旧姓に戻すことができますが、２人の間に生まれた子どもの姓や戸籍はこの復氏届では変更できません。子どもの

	子の氏の変更手続き
手続き先	子の氏の変更許可申し立て： 子の住所地を管轄する家庭裁判所 入籍届：届出人の所在地または本籍地の市区町村役所
手続きの時期	「復氏届」の提出後すみやかに
手続き方法	「子の氏の変更許可申立書」を裁判所に提出し、審判を申し立てて氏変更の許可（変更許可審判書）を取得します。許可を得たら、家庭裁判所で「審判書謄本」と「入籍届」をもらい、各市区町村役所に提出します。
必要書類	〈家庭裁判所へ〉 ○子の氏の変更許可申立書 ○子の戸籍謄本（全部事項証明書） ○父または母の戸籍謄本（全部事項証明書） 〈市区町村役所へ〉 ○入籍届 ○戸籍謄本（※子と自分の本籍地で届出する場合は不要） — 子の本籍地で届出：自分の戸籍謄本 — 自分の本籍地で届出：子の戸籍謄本 — 子と自分の本籍地以外で届出： 子と自分の戸籍謄本 ○家庭裁判所から交付される変更許可の審判書謄本 ○届出人の印鑑 ○届出人の身分証明書（運転免許証やパスポートなど）

姓を同じにし、同一の戸籍に入れたい場合には「子の氏の変更許可申立て」をすることになります（民法７９１条１項）。

子の氏の変更許可が出ると、入籍届を提出することにより、子どもの戸籍を移すことができます（戸籍法98条１項）。

なお、この申立てにより子どもの姓を変更した場合でも、子どもは成人後にもう一度、自分で姓を選ぶことができます。子どもが20歳を迎えてから１年以内に申立てをすると、変更前の姓に戻すことができます（民法７９１条４項）。

第8章

遺産相続トラブルの対処法

1．遺留分侵害額請求

(1)　被相続人は、遺言により相続財産を受け取る者を自由に指定できます。しかし、各相続人は自分の遺留分については、遺言の内容にかかわらず受け取ることができます。これは、相続財産からある程度、財産をもらえるという相続人の期待を保護したものです。

もっとも、被相続人の兄弟姉妹には遺留分は認められません。

また、遺留分は当然に認められるものではなく、遺留分を侵害する遺贈、贈与、相続分の指定を受けた者に対して、遺留分侵害額請求をする必要があります。

遺留分侵害額請求は、相続開始と遺贈などを両方知ったときから1年以内（かつ相続開始から10年以内）にしなければなりませんが、家庭裁判所での手続は必要なく、相手方に請求するだけで構いません。この請求は、期限内に行使したことを明らかにするため、内容証明郵便などで送っておくと安心です。

遺留分侵害額請求を受けた相手方は、遺贈などにより取得した財産を請求者と共有することになりますが※、遺留分を侵害した金額を弁償することによって返還を免れることができます。

※平成30年7月13日公布の法改正（令和元年7月1日に施行）により、遺留分侵害額請求を受けた相手方は、取得した財産を返すのではなく、遺留分を侵害している金額に相当する金銭を支払う義務を負うことになりました。

(2)　具体的な各相続人の遺留分の計算方法は、次のとおりです。

（相続財産＋遺贈＋贈与※1－債務）×1／2※2×法定相続分の割合

※1　相続開始前1年間の贈与はすべて含むが、それより前の贈与は具体的事情による
※2　相続人が直系尊属のみの場合は1／3

例えば、相続人が長男一人で、長男は相続開始の半年前に被相続人から500万円の贈与を受け、被相続人が遺言で友人Aに1500万円の不動産を遺贈すると残しており、その他、被相続人に1000万円の預金、800万円の借金があった場合の遺留分侵害額請求について考えてみます。

長男の遺留分は、1100万円｛（1000万円＋1500万円＋500万円－800万円）×1／2×1｝となります。長男の実際の取り分額は、贈与500万円、預金1000万円、借金800万円となり、その差引合計は700万円となりま

す。そうすると、長男は遺留分として１１００万円を受け取れるところ、友人Ａへの遺贈により実際の取り分が７００万円となっているのですから、差額の４００万円を友人Ａに遺留分侵害額請求することができます。また、友人Ａは４００万円を支払うことにより、不動産の返還を免れることができます。

2. 遺産分割調停

(1) 遺産分割の協議は、相続人全員の合意を得なければ成立しません。相続人間で遺産分割の方法で対立して冷静な話し合いができない場合や、遺産分割をどう進めたらよいか分からない場合などは、家庭裁判所での遺産分割調停の利用を検討してみるのもよいかもしれません。

(2) 遺産分割調停は、相続人の一人または複数人が、残りの相続人全員を相手方として、家庭裁判所に申し立てをすることにより利用することができます。申し立てをする家庭裁判所は、相手方の住所地を管轄する家庭裁判所となります。

相続人は、自分自身で調停を申し立てることもできますが、法律の専門家である弁護士を代理人として立てて申し立てを行うケースも多く見られます。

遺産分割調停は、裁判官と調停委員による調停委員会が、双方の事情を別々に聴きながら話し合いを進めていきます。そして、話し合いがまとまって調停が成立すれば手続が終了します。また、話し合いがまとまらない場合も手続きは終了し、自動的に次項で説明する審判に移行します。調停は、1カ月に1回くらいのペースで開かれ、多くの場合、半年～1年程度の期間を要します。

3. 遺産分割審判手続き

(1) 遺産分割調停が不成立となった場合、手続きは自動的に遺産分割審判手続きに移行します。

(2) 遺産分割審判手続きでは、調停と違い、審判官（裁判官）が強制的に遺産分割の内容を決定することになり、相続人はこの審判に従わなければなりません。

話し合いの余地がないと考えて最初から調停ではなく審判手続きを申し立てることも可能ですが、その場合でもまず話し合いをすべきであるとして、家庭裁判所の判断で調停に回されることも多く見られます。

審判手続きでは、原則として、法定相続分に応じた分割が行われますが、次項で説明する特別受益や寄与分は、その例外にあたります。

4．特別受益と寄与分

(1) 特別受益

特別受益とは、①被相続人から相続人に対して「遺贈」された財産と②婚姻や養子縁組のため、もしくは生計の資本としてなされた「贈与」をいいます。特別受益を受けた相続人（特別受益者）がいる場合には、特別受益者と他の相続人が公平になるように、特別受益者の相続分にマイナスの調整がされます。※

遺贈はすべて特別受益となります。婚姻や養子縁組のための贈与とは、例えば結納金などがこれにあたります。生計の資本としての贈与とは、生計に役立つもの全般を含みますが、おおむね扶養義務の範囲を超えたものに限られます。例えば、家の購入代金、事業の開業資金等はこれにあたると思われますが、少額のお小遣い、病院代、高校の学費等はこれにあたりません。また、生命保険金は特別受益にはあたりません。

※平成30年7月13日公布の法改正（令和元年7月1日に施行）により、婚姻期間20年以上の夫婦の一方配偶者が他方配偶者に居住用不動産を遺贈または贈与した場合、原則としてその居住用不動産を特別受益としなくてよいこととなりました。

(2)　具体的な各相続人の相続分の計算方法は、次のとおりです。

（特別受益＋その他の遺産）×法定相続分の割合（※特別受益者は特別受益を控除）

例えば、相続人が被相続人の長男、次男、三男の３人、遺産が５０００万円で、生前に長男が被相続人から１０００万円の住宅を贈与されていた場合、長男の相続分は１０００万円｛（５０００万円＋１０００万円）×１／３－１０００万円｝となり、次男、三男の相続分は２０００万円ずつ｛（５０００万円＋１０００万円）×１／３｝となります。

もっとも、このケースで長男が贈与されていた住宅が４０００万円であった場合、計算上、長男の相続分はマイナス1000万円｛（5000万円＋4000万円）×1／3－4000万円｝となりますが、例外的に長男は贈与された住宅をそのまま所有でき、他の相続人に金銭的補償をする必要もありません。遺産は、次男と三男で分けることになります。

(3) 寄与分

寄与分とは、相続人※による被相続人の財産の維持または増加についての特別の寄与をいいます。特別寄与のある相続人（特別寄与者）がいる場合には、特別寄与者と他の相続人が公平になるように、特別寄与者の相続分にプラスの調整がされます。

寄与分となる特別の寄与としては、被相続人の事業に関する労務の提供または財産上の給付、被相続人の療養看護などがあげられます。ただし、無償であったり、親族として通常に行うものを超えるレベルの貢献であったりする場合でなければ認められにくいようです。例えば、無償で家業を手伝ったので人を雇わずに済んだとか、無償で介護を続けたのでヘルパー代をかけずに済んだなどといった場合であれば、寄与分が認められやすいと思われます。

寄与分の金額は、相続人間の協議で決めることになりますが、協議で決められない場合は遺産分割審判手続きで家庭裁判所が定めることになります。

※平成30年7月13日公布の法改正（令和元年7月1日に施行）により、相続人以外の者も、相続人に対して寄与分に相当する金銭請求をすることができるようになりました。

(4) 具体的な各相続人の相続分の計算方法は、次のとおりです。

（遺産－寄与分）×法定相続分の割合（※寄与分のある相続人は寄与分を加算）

例えば、相続人が被相続人の長男、次男、三男の３人、遺産が４０００万円で、長男に１０００万円の寄与分がある場合、長男の相続分は２０００万円｛（４０００万円－１０００万円）×１／３＋１０００万円｝となり、次男、三男の相続分は１０００万円ずつ｛（４０００万円－１０００万円）×１／３｝となります。

5. 相続放棄

(1) 相続人は、被相続人が死亡して相続が開始したことを知ってから3カ月以内で

あれば、相続放棄をすることができます（相続人の生前には相続放棄できません）。

例えば、被相続人の死亡後、相続財産を調べてみたところ、預貯金などのプラス財産よりも、借金などのマイナス財産の方が多かったような場合に、相続放棄を行うメリットがあります。相続人は相続放棄を行うことにより、資産を得ることができなくなる代わりに、被相続人が負っていた借金を返す必要がなくなります。

(2) 相続人の中に相続放棄をした人がいた場合、その人は初めから相続人でなかったこととなります。これにより、他の相続人の相続分が増えたり、相続人でなかった人が相続順位に従い繰り上がって相続人となったりします。
ただし、相続放棄は、家庭裁判所で手続きをする必要がありますので、その点にご注意ください。

6. 限定承認

(1) 相続人は、被相続人が死亡して相続が開始したことを知ってから3カ月以内であれば、限定承認をすることができます。

限定承認とは、相続によって得た財産の分だけ、被相続人が負っていた借金等を弁済するという条件で、相続することを承認する意思表示です。

限定承認は、相続人全員で行わなければなりません（相続放棄した人は除きます）。また、家庭裁判所で手続きをする必要があります。家庭裁判所では、被相続人の財産の清算手続きを行います。

(2)　例えば、次のような場合には限定承認することを検討してもよいかと思われます。

まず、不動産等のプラス財産と借金等のマイナス財産のどちらが多いか分からない場合があげられます。限定承認を行ったあとに家庭裁判所の清算手続で、プラス財産の方が多いと分かれば、マイナス財産を上回った部分を相続することができます。また、マイナス財産の方が多いと分かった場合は、プラス財産の金額までしかマイナス財産を返済する必要はありません。

次に、プラス財産よりマイナス財産の方が多いことが分かっているが、相続財産の中に手に入れたい自宅不動産などの財産がある場合があげられます。相続人は、家庭裁判所の清算手続で、先買権を行使して自分が欲しい財産を買うことができます。価格は鑑定人の評価に基づいて決められます。

(3) 相続放棄との比較

相続放棄と限定承認は、被相続人の死亡及び相続開始を知ってから3カ月以内に家庭裁判所で手続きを行わなければならないことは共通しています。

しかし、相続放棄ではプラス財産もマイナス財産もすべて承継しないこととなりますが、限定承認ではプラス財産の範囲でマイナス財産を承継することとなります。

また、相続放棄では各相続人がそれぞれ単独で手続きを行うことができますが、限定承認では相続人全員で行わなければなりません。

7．配偶者の居住権を保護するための制度

平成30年7月13日公布の法改正（令和2年4月1日に施行）により、配偶者の居住権を保護するための制度が新設されました。

(1) 配偶者短期居住権

被相続人の配偶者は、相続開始時に被相続人が所有する建物に無償で居住していた場合、一定期間、無償でその建物を使用することができるようになりました。

一定期間とは、①建物が遺贈等により配偶者以外の者に帰属する等して、配偶者に持分がない場合は、建物を取得した者の申入れ日から６カ月を経過するまでの間、②建物に配偶者の持分があり、遺産分割がなされる場合は、遺産分割により建物の帰属が確定するまでの間（ただし、相続開始から最低６カ月間）です。

(2) 配偶者居住権

被相続人の配偶者は、相続開始時に被相続人が所有する建物に居住していた場合、その建物をその配偶者が亡くなるまでの間、無償で使用することができるようになりました。

もっとも、(1)配偶者短期居住権と異なり、この配偶者居住権は、遺産分割により取得した財産として評価されます。その財産としての金額の計算方法は、法律で定められていないため、計算方法自体、相続人間の話し合いにより決めなければなりません。

川又 晋（かわまた・すすむ）

事務所名：川又司法書士事務所

フランス料理修行等を経て、2006年行政書士事務所を開設。

2010年川又司法書士事務所を開設。

創業支援、企業法務、成年後見、空き家問題等を中心に取り組んでいる。

宮部正樹（みやべ・まさき）

事務所名：水戸《みと》駅南《えきなん》司法書士事務所

東北大学法学部卒。2014年司法書士登録。司法書士事務所勤務を経て、2017年10月に水戸駅南司法書士事務所を開設。

親切丁寧な対応で、相続発生前の遺言作成サポート、相続発生後の不動産登記や預金・保険等を含めた遺産承継業務に取り組んでいる。

玉津直広（たまつ・なおひろ）

事務所名：めいせい行政書士事務所

金沢大学法学部法学科卒。茨城県内で金融機関、地方公務員勤務を経て、2014年行政書士登録。めいせい行政書士事務所を開設。

相続・遺言手続きを中心に許認可申請・取得など個人から法人業務まで取り扱う。多くのお客様のお力になるべく日々奮闘している。

根本博之（ねもと・ひろゆき）

事務所名：根本行政書士事務所

2010年行政書士登録。測量設計コンサルティング会社で区画整理業務担当。その後、司法書士事務所勤務を経て、2010年根本行政書士事務所を開設。

「顧客一人一人に寄り添った丁寧な対応」をモットーに相続・遺言をはじめとして、各種の業務に取り組んでいる。

〈著者紹介〉

井野武士（いの・たけし）

事務所名：税理士法人コンパス・ロイヤーズ

早稲田大学教育学部卒業。2014年税理士登録。同年コンパス・ロイヤーズ会計事務所（現　税理士法人コンパス・ロイヤーズ）設立・代表就任。2020年東京オフィス開設。

株式会社IBIC 代表取締役。

相続・事業承継のコンサルティング業務の他、法人、個人の顧問・申告業務などを取り扱っている。

久保和之（くぼ・かつひで）

事務所名：創和会計　久保和之税理士事務所

茨城大学大学院人文科学研究科 地域政策専攻（監査論研究）卒。2013年税理士登録。水戸市内の税理士事務所で経験を積み、2014年独立開業。

クライアントに寄り添った迅速で的確な提案が信条。

株式会社C-suite 代表取締役、株式会社IBIC 専務取締役。

岡田眞輝（おかだ・まさてる）

事務所名：岡田総合法律事務所

東京大学法学部卒。2012年弁護士登録。総合商社勤務や茨城県内での法律事務所勤務を経て、2017年岡田総合法律事務所を開設。

民間企業での経験を活かした企業法務の他、相続、離婚、交通事故など幅広い分野を取り扱っている。

渡部俊介（わたなべ・しゅんすけ）

事務所名：みらい中央法律事務所

2014年司法修習修了（67期）。2015年茨城県弁護士会登録、2018年みらい中央法律事務所設立。

主に交通事故等の一般民事事件、個人破産等の債務整理、離婚・相続等の家事事件を取り扱っている。地元茨城県に密着した事務所を目指している。

伊藤拓也（いとう・たくや）

事務所名：伊藤司法書士事務所

筑波大学第一学群自然学類数学科卒。2013年司法書士登録。茨城県内での司法書士事務所勤務を経て、2018年伊藤司法書士事務所を開設。

他士業とのネットワークを活用し、信託・事業承継等の案件を取り扱っている。

相続《そうぞく》について知《し》りたいことが全部見《ぜんぶみ》つかる本《ほん》

2021年4月28日　第1刷発行

著　者　　株式会社IBIC
発行人　　久保田貴幸

発行元　　株式会社 幻冬舎メディアコンサルティング
〒151-0051　東京都渋谷区千駄ヶ谷4-9-7
電話　03-5411-6440（編集）

発売元　　株式会社 幻冬舎
〒151-0051　東京都渋谷区千駄ヶ谷4-9-7
電話　03-5411-6222（営業）

印刷・製本　シナジーコミュニケーションズ株式会社

装　丁　　田口美希

検印廃止

Printed in Japan
ISBN 978-4-344-92563-2 C0032
幻冬舎メディアコンサルティングHP
http://www.gentosha-mc.com/